GUIDE-MANUEL

DU

CONTRIBUABLE

A L'USAGE

DES RÉPARTITEURS, MAIRES

ET

SECRÉTAIRES DE MAIRIE

PAR

A. DÉCHAUX

CONTRÔLEUR DES CONTRIBUTIONS DIRECTES

TYPOGRAPHIE OBERTHÜR, A RENNES

1891

GUIDE-MANUEL

DU

CONTRIBUABLE

A L'USAGE

DES RÉPARTITEURS, MAIRES

ET

SECRÉTAIRES DE MAIRIE

PAR

A. DÉCHAUX

CONTRÔLEUR DES CONTRIBUTIONS DIRECTES

———— ✕◦✕ ————

TYPOGRAPHIE OBERTHÜR, A RENNES

—

1891

NOTICE

Ce *Guide-Manuel* a été écrit dans le but de renseigner le contribuable français sur la nature des impôts qui lui sont réclamés par la société, sous la forme d'impôts directs et de taxes assimilées à ces impôts.

Il peut apprendre, à chacun, le moyen de lire et de comprendre son avertissement de contributions.

L'auteur pense que ces renseignements, utiles aux contribuables, en général, et en particulier aux maires, répartiteurs et secrétaires de mairie, faciliteront aussi la tâche des agents de l'Administration des Contributions directes, dont la mission consiste à concilier les intérêts du Trésor et ceux du contribuable par une distribution légale et équitable des charges publiques connues sous le nom de Contributions directes.

C'est le double résultat cherché par ce *Guide-Manuel.*

DÉCHAUX,
Contrôleur des Contributions directes.

DES IMPOTS EN GÉNÉRAL

L'impôt a été défini : « *une contribution pour la dépense publique qui est nécessaire à la conservation de la propriété particulière.* »

Voltaire a écrit : « *je trouve les impôts très justes, quoique très lourds, parce que, dans tout pays, excepté dans celui des chimères, un État ne peut payer ses dettes qu'avec de l'argent.* »

L'impôt n'est donc pas une amende c'est une dette ; il frappe chaque membre de la société directement ou indirectement. Dans le premier cas on le dit « *Impôt direct* » et dans le deuxième « *Impôt indirect.* »

Dans l'*impôt direct*, le contribuable, c'est-à-dire celui qui contribue à payer cet impôt est inscrit nominativement sur des rôles, pour la somme que les lois réclament de lui.

Dans l'*impôt indirect*, le contribuable paye l'impôt immédiatement, d'après certains tarifs, variables suivant les objets de consommation qui y sont assujettis, et sans qu'il soit besoin d'établir de rôles nominatifs pour la perception.

On ne s'occupera ici que de l'impôt direct ou mieux, des Contributions directes et des principales taxes assimilées à ces contributions.

Des Contributions directes

DÉFINITIONS GÉNÉRALES. — On distingue quatre Contributions directes, savoir :

La Contribution Foncière ;
La Contribution Personnelle-Mobilière ;
La Contribution des Portes et Fenêtres ;
La Contribution des Patentes.

Des Taxes assimilées

DÉFINITIONS GÉNÉRALES. — On assimile aux Contributions directes diverses taxes qui se perçoivent aussi, au moyen de rôles nominatifs, et qu'on nomme : « *Taxes assimilées.* » Ces taxes sont perçues, soit pour le compte de l'État, soit pour le compte des communes, soit pour le compte des départements ou établissements publics dûment autorisés.

Les taxes assimilées dont l'assiette est confiée au service des Contributions directes, sont :

La taxe sur les biens de mainmorte ;
La taxe des prestations en nature ;

La taxe sur les voitures et les chevaux, mules et mulets;

La taxe sur les billards publics et privés;

La taxe sur les cercles, sociétés et lieux de réunion;

La taxe militaire;

La taxe sur les chiens.

Du Principal et des Centimes additionnels

Chacune des quatre Contributions directes comprend un *principal* et des *centimes additionnels*.

Le principal, sauf 8/100 de celui des patentes qui est attribué aux communes, revient entièrement à l'État. Le Corps législatif répartit le contingent total entre les départements. Le principal des patentes est éventuel et résulte de l'application des tarifs légaux.

Les centimes additionnels viennent accroître ce principal, soit pour le compte de l'État, soit pour subvenir aux dépenses des départements et des communes, soit pour couvrir les non-valeurs, les fonds de secours et les frais de perception. Les centimes additionnels se décomposent : en « *centimes généraux*, » en « *centimes départementaux* » et en « *centimes communaux*. »

Les centimes généraux sont votés par le Corps législatif, les centimes départementaux sont votés par les Conseils généraux, et, enfin les centimes communaux sont votés par les Conseils municipaux.

Les centimes départementaux se divisent en « *centimes ordinaires* » et « *centimes extraordinaires* » suivant qu'ils sont affectés au budget départemental ordinaire ou au budget extraordinaire.

Il existe dans chaque mairie, un tableau indicatif donnant le montant des quatre contributions, en principal et en centimes additionnels, avec les lois ou décrets qui autorisent les impositions. Chaque contribuable peut prendre connaissance de ce tableau.

Impôts de Répartition. — Impôts de Quotité

Les contributions directes se divisent en « *impôts de répartition* » et en « *impôts de quotité.* »

L'impôt de répartition est celui dont le produit total est fixé d'avance et se répartit de degrés en degrés entre les départements, les arrondissements et les communes : tel l'impôt foncier des propriétés non bàties, celui des portes et fenètres et celui de la personnelle-mobilière.

L'impôt de quotité donne un revenu éventuel au moyen d'une proportion déterminée : à cette catégorie appartiennent la contribution foncière des propriétés bàties et celle des patentes.

Des Répartiteurs

Les répartiteurs concourent à l'assiette des impôts directs dits de répartition et à celle de la contribution foncière des propriétés bàties, bien qu'impôt de quotité ; ils participent aussi à l'assiette des taxes assimilées, sauf à celle de la taxe sur les billards publics et privés, de la taxe sur les cercles, sociétés et lieux de réunion et de la taxe militaire.

Les répartiteurs sont : le maire, l'adjoint et cinq contribuables fonciers de la commune dont deux au moins, pris parmi les propriétaires fonciers non domiciliés dans la commune, s'il s'en trouve de tels. Ces cinq contribuables sont nommés par le sous-préfet, sur une liste en nombre double dressée par le Conseil municipal. (Extrait des lois du 3 frimaire, an VII, art. 9 et du 5 avril 1884, art. 61).

Cinq *répartiteurs suppléants* également nommés par le sous-préfet, dans les mêmes conditions, remplacent au besoin les répartiteurs titulaires.

Les répartiteurs sont nommés tous les ans, néanmoins les répartiteurs en exercice continuent leurs fonctions jusqu'à la nomination de leurs successeurs.

Les répartiteurs délibèrent en commun, à la majorité des suffrages et ne peuvent prendre aucune détermination, s'ils ne sont au nombre de cinq, au moins, présents ; ils sont convoqués et présidés par le maire ou l'adjoint. Le maire et l'adjoint peuvent participer concurremment aux opérations de la répartition.

Les répartiteurs délibèrent, en général, avec l'assistance du contrôleur : en cas de désaccord avec ce dernier, il en est référé à l'autorité supérieure.

La mission des répartiteurs est toute de dévouement et les expose souvent aux critiques et au mécontentement des habitants de la commune dont ils sont les représentants ;

« La critique est aisée mais l'art est difficile. »

comme dit le poète.

Le premier mouvement d'un contribuable est souvent d'attribuer à l'instigation du maire ou d'un répartiteur l'augmentation dont il est frappé : rien n'est plus injuste, attendu qu'un contribuable possède les moyens de savoir si l'augmentation qu'il subit est légitime ou non. Il ne peut d'ailleurs pas y avoir de méprise, chacun ayant connaissance de ses bases d'impositions diverses et pouvant les vérifier.

Pour employer le langage mathématique on peut dire : que le maire et les répartiteurs sont aux intérêts des contribuables, comme l'agent de l'Administration des Contributions directes est aux intérêts du Trésor public, et que ces deux relations proportionnelles ont la loi pour rapport commun.

CONTRIBUTION FONCIÈRE

La contribution foncière affecte la propriété immobilière : cette contribution est régie, dans ses lignes principales, par la loi du 3 frimaire an VII. Elle se divise en deux branches : « *la contribution foncière des propriétés non bâties* » et « *la contribution foncière des propriétés bâties.* »

Contribution Foncière des propriétés non bâties

La contribution foncière, en général, est l'impôt sur le revenu des propriétés immobilières ; seulement le revenu de ces immeubles, pour les propriétés non bâties, est resté le même depuis la confection du cadastre, époque à laquelle il fut fixé : il ne correspond donc plus au revenu actuel.

On appelle « *revenu net* » d'un terrain quelconque son revenu brut, déduction faite des frais d'entretien, de culture, d'engrais et de récolte.

On appelle « *revenu net moyen* » le même revenu calculé sur un nombre d'années déterminé. C'est ce dernier revenu qui a servi de base à l'impôt foncier des propriétés non bâties ; la loi du 3 frimaire an VII détermine les déductions à opérer pour chaque nature de culture ainsi que le nombre d'années qui servent à fixer le revenu net moyen.

Les revenus qui servent de base à l'impôt foncier non bâti s'appellent « *revenus cadastraux*. » Ils ne sont pas la reproduction exacte des revenus nets moyens, ils n'en sont qu'une fraction, représentée par une même proportion, variant de commune à commune.

Au moment du cadastre, il fut convenu par exemple, dans une commune, qu'un revenu net imposable de 100 fr. serait représenté par 10 fr., un revenu net de 50 fr. le serait par 5 fr. et ainsi de suite : en sorte que, dans cette même commune, les revenus cadastraux représentent le dixième des revenus nets imposables. On s'est appliqué seulement à obtenir des évaluations proportionnelles entre elles. On dira dans ce cas, que dans cette commune, les revenus nets imposables sont aux revenus cadastraux inscrits sur les matrices, comme 10 est à 1 : et, en sens inverse, que les revenus cadastraux sont aux revenus nets imposables comme 1 est à 10. De cette façon, on aura la clef qui permettra de trouver un revenu cadastral étant donné le revenu net imposable, et réciproquement, de trouver un revenu net imposable étant donné le revenu cadastral. Dans le premier cas, on multipliera par 1/10, fraction qui sera dite « *proportion d'atténuation* » et dans le deuxième cas, on multipliera par 10/1, nombre qui sera dit « *proportion de rehaussement.* »

Nous avons supposé dans la commune prise pour exemple, que les proportions étaient de 1/10 et de 10/1 à l'époque du cadastre. Mais, aux termes de la loi du 15 septembre 1807, art. 37, les revenus cadastraux ne peuvent varier jusqu'à la confection d'un nouveau cadastre; cet article est ainsi conçu : « Après la confection du cadastre d'une commune, les terrains conservent l'allivrement fixe qui leur est attribué jusqu'au renouvellement du cadastre. »

Ainsi, les revenus cadastraux restent fixes, tandis que les revenus nets imposables sont essentiellement variables, pour des causes diverses : (amélioration de terrain, procédés d'exploitation, etc.) en sorte qu'un des deux facteurs qui a servi à établir les proportions ci-dessus étant sujet à changement, ces proportions doivent nécessairement varier.

Celui qui voudrait chercher la nouvelle relation, à une époque quelconque, serait obligé d'étudier le cours des revenus nets pendant la période des années précédentes, dont le nombre est déterminé par la loi de frimaire, et de tirer une proportion moyenne en comparant ces nouveaux revenus avec les revenus cadastraux. Ce travail est minutieux et, il est à supposer, qu'en dehors de ceux auxquels incombe cette tâche, peu de contribuables essayeront le procédé.

Il ressort de tout ce qui précède que pour rétablir l'égalité proportionnelle dans l'impôt foncier des propriétés non bâties, il devient nécessaire de renouveler le cadastre. Le Gouvernement et avec lui, le Directeur général de l'Administration des Contributions directes, imbus de l'esprit de justice et convaincus qu'ils doteront le pays d'une réforme indispensable, ont mis en œuvre tous leurs moyens pour être prêts, au moment favorable, à refondre le cadastre de France.

Ce n'est pas seulement dans le but de régulariser l'impôt foncier des propriétés non-bâties que cette idée a pris naissance, mais aussi et surtout, dans le but d'établir, au moyen de documents authentiques et mis à jour, l'état de possession des propriétés en général. Le président Bonjean a émis cette opinion, dans la séance du Sénat français, le 6 avril 1866 : « *Dans l'état actuel de notre législation, je doute que la preuve d'une propriété puisse être faite de façon à satisfaire complètement un mathématicien.* »

Contribution foncière des propriétés bâties

Si les revenus nets des propriétés non bâties conservent leurs chiffres, fixés à l'époque du cadastre, il n'en est plus de même pour les propriétés bâties. Celles-ci ont été évaluées à nouveau, en exécution de la loi du 8 août 1885, et les résultats de cette évaluation ont été appliqués, pour la première fois, en 1891, d'après la loi du 8 août 1890.

La contribution foncière des propriétés bâties est actuellement établie directement sur le revenu de ces propriétés. La fixation de ces revenus a été faite contradictoirement avec les répartiteurs, et offre toutes les garanties désirables pour le contribuable.

Il arrive souvent que certains propriétaires occupant eux-mêmes leurs maisons, surtout dans les communes rurales, prétendent que ces propriétés ne leur rendent aucun revenu puisqu'ils n'en retirent aucun loyer. C'est là un faux raisonnement : en effet, si ces propriétaires ne possédaient pas de maisons ils devraient en louer d'autres que l'on peut supposer normalement d'une importance égale à celles qu'ils occupent et, par conséquent débourser des loyers : or, étant propriétaires, il n'ont rien à payer et ces déboursés n'existant pas accroissent d'autant leurs revenus ; il est donc juste, dans les deux cas, de considérer les maisons occupées, soit à titre de propriétaire soit à titre de locataire, comme productives de revenus.

La contribution foncière des propriétés bâties est assise sur les revenus des immeubles bâtis : l'évaluation de la valeur locative d'un immeuble bâti doit être dégagée de tout élément étranger qui pourrait la fausser ; c'est ainsi qu'il n'y a pas lieu de se préoccuper, dans une évaluation de ce genre, du plus ou moins d'aisance de celui qui possède ou habite l'immeuble.

On a évalué toutes les propriétés bâties suivant les prescriptions de la loi du 8 août 1885, d'après « la valeur locative actuelle de chacune d'elles » et cette évaluation sert de base à l'impôt foncier des propriétés bâties. Cependant la loi a tenu compte des frais d'entretien et de réparation que nécessitent les bâtiments en général : elle a estimé qu'on devait supprimer de la base de l'impôt 1/4 du revenu brut de l'immeuble, s'il sagit d'une maison, et 1/3 s'il s'agit d'une usine : (Extrait de la loi du 8 août 1890). Ce n'est donc en réalité, que sur les 3/4 de l'évaluation des maisons et sur les 2/3 de l'évaluation des usines que l'impôt foncier est assis. Cette valeur locative réduite prend le nom de « *revenu net* » des propriétés bâties et la loi de 1890 a fixé à 3 fr. 20 0/0 l'impôt, en principal, à prélever sur ce revenu net.

Il n'existe plus de revenu cadastral pour les propriétés bâties, c'est le revenu net lui-même qui figure sur les matrices et c'est à ce revenu qu'on applique la proportion de 3 fr. 20 0/0 formant le principal de la contribution.

« Les évaluations servant de base à la contri-
» bution foncière des propriétés bâties seront
» révisées tous les 10 ans.

» Toutefois, si par suite de circonstances excep-
» tionnelles, il se produit dans l'intervalle de deux
» révisions décennales une dépréciation générale
» des propriétés bâties, soit de l'intégralité, soit
» d'une fraction notable d'une commune, le Conseil
» municipal aura le droit de demander qu'il soit
» procédé à une nouvelle évaluation des propriétés
» bâties de l'ensemble de la commune, à la charge
» pour celle-ci de supporter les frais de l'opé-
» ration.

» Les évaluations ainsi établies seront néanmoins
» renouvelées à l'expiration de la période décennale
» en cours. » (Loi du 8 août 1890, art. 8).

Propriétés non bâties et bâties nouvellement imposables

MODES D'IMPOSITIONS

Propriétés non bâties. — Actuellement, lorsqu'une propriété non bâtie doit figurer à l'impôt, pour la première fois, (alluvions, chemins rendus à la culture, etc.) le contrôleur lève le plan de cette propriété et la classe avec les répartiteurs, par comparaison avec les parcelles de même nature.

Propriétés bâties.—En ce qui concerne les propriétés bâties, les lois du 3 frimaire an VII et du 8 août 1890 disposent :

« Les constructions nouvelles, les reconstructions
» et les additions de construction seront imposées
» par comparaison avec les autres propriétés
» bâties de la commune où elles seront situées.

» Elles ne seront soumises à la contribution
» foncière que la troisième année après leur
» achèvement.

» Pour jouir de l'exemption temporaire spécifiée
» au deuxième paragraphe du présent article, le
» propriétaire devra faire à la mairie de la com-
» mune où sera élevé le bâtiment passible de la
» contribution, et dans les quatre mois à partir de
» l'ouverture des travaux, une déclaration indi-
» quant la nature du bâtiment, sa destination et la
» désignation, d'après les documents cadastraux,
» du terrain sur lequel il doit être construit.

» Sont considérées comme constructions nouvelles
» la conversion d'un bâtiment rural en maison ou
» en usine et l'affectation de terrains à des usages
» commerciaux ou industriels dans les conditions
» indiquées à l'article 1ᵉʳ de la loi du 29 dé-
» cembre 1884.

» Les constructions nouvelles, les reconstruc-
» tions et les additions de construction non décla-

» rées après l'expiration du délai fixé par l'article
» précédent, seront soumises à la contribution
» foncière à partir du 1ᵉʳ janvier de l'année qui
» suivra celle de leur achèvement.

» Elles seront imposées au moyen de rôles par-
» ticuliers, tant à la contribution foncière qu'à
» celle des portes et fenêtres, jusqu'à ce qu'elles
» aient été comprises dans les rôles généraux.

» Leurs cotisations, tant en principal qu'en
» centimes additionnels, seront égales à celles que
» supporteront pour l'année en cours les immeu-
» bles de même nature et de même importance;
» mais elles seront multipliées par le nombre
» d'années écoulées entre celle où les constructions
» nouvelles, les reconstructions et les additions de
» construction auront été achevées et celles où
» elles auront été découvertes, y compris cette
» dernière année, sans toutefois pouvoir être plus
» que quintuplés...»

Les répartiteurs ont la mission d'établir, avec le contrôleur, la valeur locative des constructions nouvellement imposables. Le revenu net imposable de chaque construction nouvelle, reconstruction, etc., devra être déterminé au moyen d'un rapprochement avec des propriétés bâties régulièrement estimées, quelles que soient les modifications qui aient pu survenir dans le cours des valeurs locatives depuis la clôture des opérations effectuées en vertu de la loi du 8 août 1885, art. 34 (Circul. admin. du 28 mars 1891).

C'est donc, jusqu'à un renouvellement ou une

révision des évaluations, d'après le cours des loyers de l'époque de la clôture du travail de l'évaluation générale des propriétés bâties que doivent être évaluées les constructions nouvelles, que le cours des loyers ait augmenté ou diminué.

Chantiers, Lieux de dépôt de marchandises, etc. — (Loi du 29 décembre 1884. art. 1). « Les » terrains non cultivés, employés à un usage » commercial ou industriel, tels que chantiers, » lieux de dépôt de marchandises et autres empla-. » cements de même nature, soit que le propriétaire » les occupe, soit qu'il les fasse occuper par » d'autres, à titre gratuit ou onéreux, seront « cotisés à la contribution foncière :

» 1° A raison de leur superficie, sur le même » pied que les terrains environnants ;

» 2° D'après leur valeur locative, déterminée » à raison de l'usage auquel ils sont affectés, » déduction faite de l'estimation donnée à leur » superficie... »

Ainsi, les terrains à usage de chantiers, etc., supportent l'impôt foncier des propriétés non bâties et l'impôt foncier des propriétés bâties.

Le revenu cadastral des propriétés non bâties est celui qui est indiqué à la matrice cadastrale des propriétés non bâties ; le revenu net des propriétés bâties est celui qui frappe la plus-value acquise par le terrain en tant que réservé à un usage commercial ou industriel, il figure à la matrice des propriétés bâties, déduction faite de l'évaluation donnée à la superficie.

Exemptions de Contribution Foncière

Propriétés non bâties. — Ne sont pas imposables à la contribution foncière des propriétés non bâties :

« Les routes, les chemins publics, les places
» publiques. les rivières, les jardins et parcs dé-
» pendant de bâtiments publics non imposables; »
(Extrait des lois du 3 frimaire an VII et du 11 août
1808.)

Propriétés bâties. — Ne sont pas imposables à la contribution foncière des propriétés bâties :

« Les palais, châteaux et bâtiments nationaux,
» les églises, temples consacrés à un culte public,
» en un mot, tous les bâtiments publics, reconnus
» d'utilité générale et improductifs de revenu :
» Les bâtiments servant aux exploitations ru-
» rales, tels que granges, écuries, greniers, caves,
» celliers, pressoirs et autres, destinés à loger les
» bestiaux des fermes et métairies ou à serrer les
» récoltes (Extraits des lois du 3 frimaire an VII
» et du 11 août 1808);
» Les bâtiments qui servent à loger, indépen-
» damment des bestiaux des fermes et métairies,
» le gardien de ces bestiaux (Loi du 8 août 1890). »

Bases du contingent de l'impôt foncier des propriétés non bâties et bâties

A l'origine, le principal de la contribution foncière a été fixé par l'Assemblée constituante, en prenant pour base ce que chaque province payait sous l'ancien régime. Ce principal à base aléatoire, fut nivelé par une série de dégrèvements : 1797—1798—1799—1802—1803—1805—1819—1821—1822.

En 1883, les contingents des propriétés bâties et non bâties ont été séparés et sont distincts depuis cette époque : (Loi du 29 juillet 1881, art. 2).

L'Administration des Contributions directes a opéré, en 1879, d'après un travail de péréquation des propriétés non bâties un nivellement nouveau qui a eu pour résultat un dégrèvement de quinze millions appliqué en 1891, sur les propriétés non bâties.

Le contingent foncier, en principal, des propriétés non bâties est pour la France, en 1891, de : 103,279,235 fr.

CONTRIBUTION PERSONNELLE-MOBILIÈRE

On vient de voir la nature des revenus frappés par la contribution foncière des propriétés non bâties et par celle des propriétés bâties. La Contribution *personnelle-mobilière* a pour but d'atteindre tous les revenus autres que ceux visés par la contribution foncière et que ceux provenant du commerce et de l'industrie, lesquels sont visés, comme nous le verrons plus loin, par l'impôt des patentes.

Dans la « *contribution foncière des propriétés bâties,* » les valeurs locatives, en général, sont la cause même de l'impôt : tandis que dans la « *contribution personnelle-mobilière,* » les valeurs locatives, mais seulement celles de l'*habitation,* ne sont que le moyen d'atteindre l'aisance du contribuable. On se sert encore des valeurs locatives pour mieux équilibrer l'assiette des droits de patente.

On admet, en principe, que la valeur locative de l'habitation est en raison directe des revenus à atteindre. Notons bien qu'il n'est pas question ici, des meubles meublant ni de ceux qui ornent l'habitation, mais seulement de la valeur locative brute de l'habitation.

On dit Contribution « *personnelle-mobilière* » parce que cette contribution se décompose en deux parties : 1° « la *taxe personnelle* » : 2° « la *cote mobilière*; » ces deux parts ont été réunies en un seul impôt par la loi du 21 avril 1832.

La taxe personnelle se compose de la valeur de trois journées de travail et chaque journée ne peut être évaluée moins de 0 fr. 50 ni plus de 1 fr. 50 : en sorte que la cote personnelle peut varier de 1 fr. 50, comme minimum, à 4 fr. 50, comme maximum.

Le Conseil général fixe, dans chaque département, le prix de la journée de travail, dans les limites ci-dessus indiquées; la taxe personnelle ne supporte aucun centime additionnel.

Les répartiteurs désignent, avec le concours du contrôleur des Contributions directes, les personnes imposables à la cote personnelle et mobilière, ils déterminent les loyers d'habitation qui doivent servir de base à chaque contribuable. Citons l'article de loi qui détermine les personnes imposables :

Loi du 21 avril 1832, art. 12. « La contribution » personnelle-mobilière est due par chaque habitant » français et par chaque étranger de tout sexe, » jouissant de ses droits et non réputé indigent.

» Sont considérés comme jouissant de leurs » droits, les veuves et les femmes séparées de » leurs maris, les garçons et filles majeurs ou » mineurs ayant des moyens suffisants d'existence, » soit par leur fortune personnelle, soit par la

» profession qu'ils exercent, lors même qu'ils
» habitent avec leur père, mère, tuteur ou curateur. »

Dans le cas de formation de nouvelles matrices
le Conseil municipal désigne les habitants qu'il
croit devoir exempter de toute cotisation et ceux
qu'il juge convenable de n'assujettir qu'à la cote
personnelle (Extrait de la loi du 21 avril 1832).

Imposition des Officiers

La jurisprudence a réglé, comme il suit, l'imposition des officiers à la contribution personnelle-mobilière :

Les *officiers sans troupe* sont imposables
d'après le même mode et dans les mêmes proportions que les autres contribuables ;

Les *officiers avec troupe, les officiers appartenant au service d'état-major établi par les lois des 20 mars 1880 et 24 juin 1890*, sont imposables lorsqu'ils occupent une habitation particulière, mais seulement pour un loyer égal à la différence entre toute la valeur locative de l'habitation occupée et l'indemnité de logement qui est allouée par le Gouvernement à raison du grade, non compris toutefois la portion de l'indemnité relative à l'ameublement. Dans tous les cas la cote personnelle n'est pas due.

Bases du Contingent de l'impôt Personnel–Mobilier

La contribution mobilière fut établie, par l'Assemblée constituante, en même temps que la contribution foncière, en prenant pour base les données fournies par le grand comité des finances chargé d'évaluer le revenu de la France. La répartition entre les départements fut faite, en prenant pour bases, le montant des anciens impôts payés par chaque province (20e des biens-fonds de l'industrie et des offices, tailles, capitations, etc., etc.).

Depuis 1846, le contingent de chaque département, dans la contribution personnelle-mobilière, est diminué annuellement du montant en principal des cotisations afférentes aux maisons qui ont été démolies. Il est augmenté proportionnellement à la valeur locative des maisons nouvellement construites ou reconstruites à mesure que ces maisons sont imposées à la contribution foncière; l'augmentation est du 20e de la valeur locative des locaux consacrés à l'habitation. (Loi du 4 août 1844.)

Le principal du contingent personnel-mobilier est, pour la France, en 1891, de 64,066,716 fr.

(Un projet de réforme exprimé devant la Commission du Budget, en 1891, aurait pour

but d'établir une péréquation au taux moyen de 4 50 0|0, en principal, d'après les valeurs locatives totales imposables ; le montant de la cote personnelle serait uniformément de 1 fr. 50.)

Répartition individuelle du Contingent Personnel-Mobilier

Le Conseil d'arrondissement assigne à chaque commune, sa part du contingent personnel-mobilier. Les répartiteurs sans avoir égard à l'importance de cette somme, attribuent à chaque contribuable une base proportionnelle à la valeur locative de l'habitation ; ces bases s'appellent « *loyers mobiliers.* » Les loyers mobiliers ne sont donc que des chiffres proportionnels indiquant de quelle manière le contingent assigné à la commune doit être réparti entre chaque contribuable.

Pour obtenir la taxe individuelle on commence par retrancher du contingent de la commune, augmenté des centimes additionnels, le produit des taxes personnelles et le surplus du contingent est réparti en cotes mobilières ; le quotient de la division de ce surplus par le total des bases établies par les répartiteurs donne le centime-le-franc mobilier, c'est-à-dire ce que 1 fr. de base devra fournir comme impôt.

EXEMPLE :

Une commune a 1,000 fr. de contingent personnel-mobilier à fournir ; la répartition a assigné 200 cotes personnelles d'une part, et des loyers mobiliers dont le total est de 1,200 fr. Admettons que le Conseil général a fixé, dans cette commune, le montant de la cote personnelle à 2 fr. Voici quelle sera la répartition individuelle du contingent de 1,000 fr.

200 cotes personnelles à 2 fr. = 400 fr., ce montant est à prélever sur les 1,000 fr. ; il restera 600 fr. à répartir sur les 1,200 fr. de bases mobilières établies par la répartition.

Pour répartir ces 600 fr. de contingent restant, il suffira d'établir la proportion entre le contingent de 600 fr. et le loyer-mobilier de 1,200 fr. On aura $\frac{600}{1,200} = 0 \ 50$; cette proportion de 0 50 sera dite le *centime-le-franc* de la mobilière. Ainsi un contribuable auquel la répartition aura assigné une cote personnelle et 15 fr. de loyer mobilier, par exemple, payera :

Une cote personnelle...................... = 2 »,
sur un loyer de 15 fr. (à 0 fr. 50 par fr.) = 7 50
Total....... = 9 50

Mais supposons que la répartition ait établi 200 cotes personnelles et 600 fr. seulement de loyers mobiliers imposables, dans cette même commune, et reprenons nos calculs :

Contingent à fournir.............. 1,000 fr.

200 cotes personnelles à 2 fr. à déduire....,..................... 400

RESTE....... 600 fr.

Le montant des loyers mobiliers étant de 600 fr. on aura pour centime-le-franc $\frac{600}{600} = 1$; voici, dans ce deuxième cas, ce que devra payer le contribuable qui a une cote personnelle et 15 fr. de loyer mobilier :

Une cote personnelle............... = 2 fr.

sur un loyer de 15 fr. (à 1 fr. par fr.).. = 15

TOTAL..... = 17 fr.

Ainsi, dans la même commune, sans que le contingent change, un contribuable peut arriver à payer pour une année 9 fr. 50 et pour l'autre 17 fr., sa base mobilière restant la même.

Les proportions ci-dessus ont été prises de façon à bien faire ressortir que l'impôt peut varier pour les contribuables sans que, par ce fait, l'État, le département ou la commune en retirent davantage.

Une autre cause, encore, peut faire varier le centime-le-franc de la contribution mobilière mais, sans augmenter l'impôt de chacun. Supposons que, dans la commune ci-dessus, les répartiteurs aient assigné des loyers mobiliers dix fois plus forts ; dans notre premier cas (nous verrons comment il arrive que des loyers mobiliers ne sont pas partout la reproduction exacte des valeurs locatives d'habitation), nous aurons, 12,000 fr. de bases mobilières et, par suite un centime-le-franc de 0 fr. 05. Dans le cas particulier du contribuable indiqué ci-dessus, la base devra être de 150 fr. au lieu de 15 fr. pour fournir la même contribution, seulement les centimes-le-franc varieront de 0 fr. 50 à 0 fr. 05.

Bases mobilières non représentées par les loyers réels d'habitation

Dans les communes rurales où l'importance de l'habitation n'est pas, le plus souvent, en rapport avec la fortune des contribuables, les répartiteurs ont égard généralement à la position de fortune : cette manière d'opérer, bien qu'extra-légale, est tolérée afin d'arriver à éviter ou amoindrir les anomalies qui pourraient résulter dans ces communes de l'application stricte de la loi.

Dans ces communes, la cote mobilière est donc assise d'après une base dont la proportion avec le loyer d'habitation n'est pas la même pour chaque cote prise isolément. La proportion qui doit servir de base, dans ce cas, est celle qui résulte de la comparaison faite entre les cotes mobilières de la généralité des autres contribuables et les valeurs locatives réelles d'habitation correspondantes.

Dans les villes soumises à un recensement annuel, le loyer mobilier est établi proportionnellement à la valeur locative réelle d'habitation, la proportion entre le loyer mobilier et la valeur locative imposable est toujours la même, pour chaque contribuable pris séparément.

EXEMPTIONS

Ne sont pas imposables à la contribution personnelle-mobilière :

« 1° Les personnes notoirement indigentes ;

» 2° Les personnes ne jouissant pas de leurs
» droits aux termes de la loi du 21 avril 1832 ;

» 3° Les père et mère de sept enfants vivants,
» mineurs, légitimes ou reconnus, assujettis à une
» contribution personnelle-mobilière égale ou
» inférieure à 10 fr. en principal. Pour cette
» catégorie de contribuables, les dégrèvements
» sont accordés d'office sans réclamation et sont
» imputés sur le fonds de non-valeurs » (Extrait de la loi du 8 août 1890, art. 31).

Ces contribuables doivent figurer sur les matrices et leurs bases personnelle-mobilière doivent être comprises pour le calcul du centime-le-franc.

Prélèvements sur les produits de l'octroi. — Dans certaines villes autorisées le montant des taxes personnelles, et même une catégorie des loyers d'habitation, désignée par les Conseils municipaux, sur la demande faite aux préfets, peut être prélevée sur les produits de l'octroi, mais sans qu'il puisse en résulter de surcharge pour les autres contribuables, dans la répartition individuelle (Extrait de la loi du 21 avril 1832).

Changement de domicile. — Un contribuable imposé dans une commune qu'il a quittée après le travail des mutations (ce travail est indiqué au chapitre de l'assiette des quatre contributions directes, etc.) et avant le 1er janvier, quand bien même il n'a pas conservé d'habitation meublée dans cette commune, doit la contribution personnelle et mobilière dans cette commune s'il ne justifie pas de son imposition au rôle de sa nouvelle résidence ou des motifs légaux qui s'opposent à cette inscription (voir ci-devant : « exemptions »).

Décès. — La contribution personnelle-mobilière étant établie pour l'année entière, lorsqu'un contribuable viendra à décéder dans le courant de l'année, ses héritiers seront tenus d'acquitter le montant de sa cote (Loi du 21 avril 1832, art. 21).

Les héritiers d'un contribuable décédé et resté imposé à la contribution mobilière pour l'année qui a suivi le décès (ou sa veuve) ne sont pas

fondés à demander la réduction de cette contribution lorsque le logement qu'occupait le défunt
est resté, ne fût-ce que pendant une partie de l'année, garni de meubles, pour le compte des héritiers
(ou de la veuve), ou à leur disposition, ou lorsqu'ils
ont continué de l'occuper (Jurisprudence).

CONTRIBUTION DES PORTES ET FENÊTRES

La contribution des portes et fenêtres est le
complément de la contribution mobilière, c'est un
moyen, autre que le loyer d'habitation, d'atteindre
les revenus que frappe la contribution personnelle-
mobilière ; le nombre des ouvertures donnant accès
ou jour aux habitations étant considéré comme un
indice de l'aisance des habitants.

On peut dire aussi que c'est un complément de
la contribution foncière des usines et autres
immeubles ou fractions d'immeubles commerciaux
dont les valeurs locatives ne sont pas prises pour
bases de l'assiette de la contribution mobililière.

Les portes et fenêtres imposables sont toutes
celles qui sont closes et qui donnent directement
jour ou accès sur les rues, cours, jardins, prés et
champs, des bâtiments et usines, maisons, magasins, hangards, ateliers, boutiques, salles de

spectacles, etc. : même pratiquées dans la toiture pour éclairer des locaux habitables ou affectés à l'industrie. Comme on le voit, la dimension des ouvertures n'est pas indiquée pour servir de base à l'impôt, elle n'entre, dès lors, pas en ligne pour l'assiette (Extrait de la loi du 4 frimaire, an VII).

La contribution des portes et fenêtres est graduée d'après la population et le nombre d'ouvertures ; voici le tarif *en principal* d'impôt :

POPULATION	MAISONS					PORTES COCHÈRES	PORTES ORDINAIRES du rez-de-chaussée 1er et 2e étage.	FENÊTRES du 3e étage et au-dessus
	à 1 ouverture	à 2 ouvertures	à 3 ouvertures	à 4 ouvertures	à 5 ouvertures			
Au-dessous de 5,000 âmes	0.30	0.45	0.90	1.60	2.50	1.60	0.60	0.60
de 5,000 à 10,000 —	0.40	0.60	1.35	2.20	3.25	3.50	0.75	0.75
de 10,000 à 25,000 —	0.50	0.80	1.80	2.80	4. »	7.40	0.90	0.75
de 25,000 à 50,000 —	0.60	1. »	2.70	4. »	5.50	11.20	1.20	0.75
de 50,000 à 100,000 —	0.80	1.20	3.60	5.20	7. »	15. »	1.50	0.75
Au-dessus de 100,000 —	1. »	1.50	4.50	6.40	8.50	18.80	1.80	0.75

(Tarif extrait de la loi du 21 avril 1832).

Comme on le remarque, l'impôt n'est pas proportionnel jusqu'à cinq ouvertures, mais à partir de six ouvertures il devient proportionnel.

On compte comme « *cochère* » la porte qui a les dimensions nécessaires pour livrer passage à une voiture et qui donne accès de la rue à l'habitation par une cour, alors même qu'une voiture ne pourrait que difficilement se mouvoir dans cette cour : (jurisprudence).

On ne compte cependant pas comme cochère une ouverture de cette nature dans les maisons de une à cinq ouvertures : ces ouvertures sont comptées comme portes ordinaires. (Extrait de la loi du 21 avril 1832).

Cependant, dans les villes de 5000 âmes et au-dessus la porte principale à usage de magasins de gros ou de maisons occupées par des banquiers, agents de change, courtiers et négociants ayant moins de six ouvertures est taxée comme porte cochère : les autres ouvertures sont taxées comme portes ordinaires si elles n'ont pas les dimensions nécessaires pour le passage d'une voiture. (Extrait de la loi du 20 juillet 1837).

Dans les villes et communes au-dessus de 5000 âmes, la taxe correspondant au chiffre de leur population ne s'appliquera qu'aux habitations comprises dans la partie agglomérée telle qu'elle aura été déterminée par le dernier décret de dénombrement. Les habitations dépendant de la banlieue seront portées dans la classe des communes rurales.

Bases du contingent de l'impôt des portes et fenêtres

Un recensement des ouvertures imposables fut effectué en exécution de la loi du 26 mars 1831 : les résultats en furent appliqués suivant un tarif déjà fixé par la loi du 13 floréal an X.

La loi du 21 avril 1832, celle du 17 août 1835 et du 4 août 1844, sur les portes et fenêtres réduisirent le contingent fixé par le recensement indiqué au paragraphe précédent et déterminèrent les modifications annuelles à y apporter.

Ces modifications proviennent des constructions nouvelles et des démolitions, des changements de catégorie de population et des changements de limite.

En 1891, le contingent de l'impôt des portes et fenêtres est, en principal, pour toute la France, de 42,609,454 fr.

EXEMPTIONS

Ne sont pas imposables :
« Les ouvertures non closes et les ouvertures

» intérieures ; les portes et fenêtres servant à
» éclairer ou à aérer les granges, bergeries,
» étables, greniers, caves et autres locaux affectés
» au service de l'agriculture et non destinés à
» l'habitation des hommes ou à l'exercice d'un
» commerce ou d'une industrie :
» Les ouvertures des bâtiments affectés à un
» service public, civil, militaire, d'instruction, de
» bienfaisance ou aux hospices, sauf pour les
» parties occupées par les fonctionnaires ecclé-
» siastiques, employés civils ou militaires logés
» gratuitement dans ces bâtiments :
» Les ouvertures des manufactures. »

(Extrait des lois du 4 frimaire an VII et
4 germinal an XI).

L'impôt des portes et fenêtres tend à disparaître : M. le Directeur général des Contributions directes, parlant au nom du Gouvernement, devant la Commission du Budget, en avril 1891, a déclaré que la suppression de cette base d'impôt serait proposée aux Chambres.

Des documents cadastraux

Donnons maintenant, la désignation et la description des documents cadastraux déposés dans les mairies et dont les minutes se trouvent au chef-

lieu de chaque département, à la direction des
Contributions directes ; ces documents sont :

Le Plan, établi depuis le cadastre mais ne
répondant plus à l'état actuel du terrain dont le
morcellement s'est sensiblement modifié depuis
soixante ans. Une feuille du plan présente l'ensemble de la commune et donne la position du chef-
lieu, des hameaux et des maisons isolées. Les
routes, chemins vicinaux, de servitude, les sentiers,
les rivières, les torrents, les ruisseaux, les lacs,
les étangs, les forêts de l'État, des communes et
des particuliers, la division du territoire en sections
et subdivisions de sections, les montagnes et les
principaux accidents de terrain y sont figurés.
Cette feuille prend le nom de « *tableau d'assem-
blage*. »

L'état de sections : Chaque commune a été
divisée en sections et chaque section a pris le nom
d'une lettre de l'alphabet en commençant par la
lettre A et en suivant l'ordre des lettres. Chaque
section comprend un certain nombre de parcelles
et chaque parcelle a reçu un numéro d'ordre à
partir de 1 jusqu'à épuisement du nombre des
parcelles de la section. Ces sections et ces parcelles
sont toutes inscrites, dans l'ordre des lettres
et des numéros, sur un livre appelé l'*état de
sections*. En outre de ces indications, l'état de
sections donne aussi la contenance et les
revenus cadastraux de chaque parcelle ainsi que
les noms et prénoms des propriétaires, au moment
du cadastre. Ce livre, comme le plan n'est pas mis

à jour des modifications survenues soit dans le morcellement, soit dans la possession.

La *matrice cadastrale des propriétés non bâties :* Ce document comprend tous les propriétaires actuels des terrains : un *folio* est ouvert à chaque propriétaire et indique toutes les parcelles qu'il possède dans toutes les sections de la commune. Au fur et à mesure des ventes, donations, partages, etc., les parcelles sont rayées du folio du vendeur ou donateur pour être inscrites au folio du nouveau propriétaire. A la fin de cette matrice, se trouve une table alphabétique des propriétaires avec les renvois aux folios respectifs de chacun d'eux. En tête du livre se trouve le registre des augmentations et des diminutions, c'est la balance des contenances imposables et des revenus cadastraux de la commune.

La matrice cadastrale des propriétés bâties; un livre séparé et analogue à celui des propriétés non bâties existe pour les propriétés bâties. Ce livre donne les indications cadastrales de toutes les propriétés bâties avec leurs revenus nets et le nombre des ouvertures imposées. Il renferme aussi une table alphabétique et un registre des augmentations et diminutions. On dit : *case de la matrice des propriétés bâties* comme on dit : *folio de la matrice des propriétés non bâties*, pour indiquer l'article de chaque propriétaire.

La *matrice générale;* un cahier portant ce nom est déposé à la mairie, il donne les noms de tous les contribuables imposés à une des trois contributions suivantes : Foncière, bàtie et non bâtie, Personnelle-mobilière et des Portes et fenêtres.

On a ouvert à chaque contribuable un article spécial qui est précisément celui de son avertissement.

A chaque article, on indique :

1° Le folio de la matrice cadastrale des propriétés non bàties ;

2° La case de la matrice des propriétés bâties ;

3° Les nom, prénoms et demeure ;

4° Le revenu cadastral des propriétés non bâties ;

5° Le revenu net des propriétés bâties ; ·

6° Les bases de la contribution personnelle-mobilière (sauf dans les villes recensées.)

7° Le nombre des portes et fenêtres imposées.

La feuille de tête de ce cahier donne en outre : le total des revenus cadastraux, celui des revenus nets, le nombre des personnelles, le total des bases mobilières, enfin le total et la catégorie des ouvertures imposées.

Les centimes-le-franc de chacune des contributions sont de plus indiqués sur la même feuille de tête.

CONTRIBUTION DES PATENTES

La « *contribution des patentes* » a remplacé les droits de maîtrise et de jurande. On sait comment une partie des revenus mobiliers et comment les revenus immobiliers fournissent leurs apports au budget, en échange de la protection que l'État leur donne ; il nous reste à montrer la part que prennent, dans les charges publiques, les revenus provenant du commerce et de l'industrie. Cette part est représentée par la contribution des patentes.

Pour établir la part contributive des patentables, la loi a catalogué tous les commerces et industries s'exerçant sur le territoire français en les répartissant dans trois tableaux appelés *A. B. C.*

Dans le tableau A, se trouvent le petit et le moyen commerce (gros, demi-gros, détail et quelques professions s'exerçant à l'aide d'ouvriers en nombre limité) ;

Dans le tableau B, le haut commerce : (banquiers, négociants, commissionnaires et autres professions analogues) ;

Dans le tableau C, sont placés les industries en général et toutes les professions du tableau A s'exerçant à l'aide d'ouvriers, avec un minimum indiqué, lorsque ces ouvriers travaillent pour le commerce.

Il existe un 4° tableau dit : *tableau D*, ou se trouvent comprises les professions libérales : (avocats, médecins, notaires, etc.) ; il en sera question au droit proportionnel de patente.

Du droit fixe de Patente

TABLEAU A

Les taxes dues par les patentables du tableau A sont réglées d'après huit catégories ou classes et suivant la population de la commune où sont exercées les professions de ce tableau.

Le tarif du tableau A, annexé à la loi du 15 juillet 1888 et du 8 août 1890, est ainsi établi.

CLASSES	à Paris	DROIT FIXE DANS LES COMMUNES							
		au-dessus de 100,000 âmes	de 50,001 à 100,000 âmes	de 30,001 à 50,000 âmes	de 20,001 à 30,000 âmes	de 10,001 à 20,000 âmes	de 5,001 à 10,000 âmes	de 2,001 à 5,000 âmes	de 2,000 âmes et au-dessous
	fr.	fr.	fr.	fr.	fr.	fr.	fr.	fr.	fr.
1er	400	300	240	180	120	80	60	45	35 »
2e	200	150	120	90	60	45	40	30	25 »
3e	140	100	80	60	40	30	25	22	18 »
4e	75	75	60	45	30	25	20	15	12 »
5e	50	50	40	30	20	15	12	9	7 »
6e	40	40	32	24	16	10	8	6	3 »
7e	20	20	16	12	8	8	5	4	1.50
8e	12	12	10	8	6	5	4	3	1. »

La loi du du 15 juillet 1880, celles du 29 juin 1881, du 30 juillet 1885, du 17 juillet 1889 et du 8 août 1890, ont désigné, dans un tarif spécial, toutes les professions qui doivent faire partie du tableau A, ainsi que la classe de chacune de ces professions ; ces lois ont indiqué de même toutes les professions faisant partie des tableaux B et C.

Dans le tableau A ci-dessus, chaque chiffre, suivant qu'il est applicable à telle ou telle profession s'exerçant dans une commune d'une population déterminée, s'appelle « *droit fixe* » de cette profession.

TABLEAU B

Les taxes dues par les patentables du tableau B sont réglées, d'une part, d'après la population et d'autre part suivant des droits fixes et des droits variables. Les droits fixes s'appellent, dans ce tableau, « *taxes déterminées* » et les droits variable, « *taxes variables.* »

EXEMPLE :

« Agent de change = (Tableau B. »

	TAXE	
	Déterminée	(variable) (1)
	fr.	fr.
A Paris	2000	50
Dans les villes autres que Paris où il existe un parquet pour la négociation des effets publics :	500	25
de 100,001 âmes et au-dessus...	250	12
de 50,001 âmes à 100,000 âmes.	200	10
de 30,001 âmes à 50,000 âmes..		
de 15,001 âmes à 30,000 âmes qui ont un entrepôt réel	150	8
de 15,001 âmes à 30,000 âmes...		
de 15,000 âmes et au-dessous qui ont un entrepôt réel..........	100	5
dans toutes les autres communes.	75	5

(1) Par personne employée en sus du nombre de 5 aux écritures, aux caisses, à la surveillance, aux achats et aux ventes intérieures ou extérieures.

« La taxe par employé est doublée lorsque le nombre des employés dépasse 200, et triplée lorsqu'il dépasse 1000 » (Loi du 17 juillet 1889, art. 2).

(Extrait du tarif des patentes de 1890).

TABLEAU **C**

Les taxes du tableau C sont établies sans égard à la population ; beaucoup de professions de ce tableau comprennent une taxe déterminée qui est toujours de 5 fr. et des taxes variables plus ou moins considérables suivant que l'industrie est elle-même plus ou moins importante : d'autres professions comprennent des taxes variables seulement.

Exemples :

« *Fabrique de goudron.* »
Taxe déterminée 5 fr., plus 2 fr. 50 par ouvrier (taxe variable).
« *Moulin ou autre usine à moudre, battre, triturer, broyer, pulvériser, presser :*
 5 fr. par paire de meules   (Taxe variable).
 5 fr. par paire de cylindres d'une longueur de plus de 0ᵐ70 .   —
 4 fr. par paire de cylindres d'une longueur de 50 à 70 centimètres   —
 3 fr. par paire de cylindres d'une longueur inférieure à 50 cent.   —
 5 fr. par presse   —
 1 fr. par pilon   —
 » Lorsque les meules et les cylindres ne fonc-

tionneront pas par paire, le droit fixe afférent à la paire sera appliqué à la machine ou au jeu de machines qui en tiendra lieu.

» Dans les moulins à farine ou la mouture s'effectuera à l'aide de cylindres, chaque appareil à trois ou quatre cylindres de mouture sera compté pour deux paires de cylindres.

» Le droit fixe sera réduit de moitié pour les usines à bras, à manège ou à vent.

» Le droit fixe tel qu'il résultera des dispositions qui précèdent et après application, s'il y a lieu, de celles de l'art. 11 de la loi du 15 juillet 1880 (chômage), sera doublé lorsque l'usine fonctionnera habituellement pour le compte d'un exploitant achetant les matières premières pour revendre ensuite les produits de sa fabrication... » (Extrait du tarif des patentes de 1890).

Le droit fixe de patente est donc indiqué au tarif, suivant la profession exercée.

Du droit proportionnel de patente

La loi n'ayant pu prendre, pour base de l'assiette des droits de patente, le chiffre des affaires a dû recourir à certains signes extérieurs d'un contrôle pratique, pour arriver à déterminer les droits dus par chaque patentable. On vient de voir comment une partie des signes extérieurs ont été frappés par des droits fixes, des taxes déterminées et des taxes variables ; mais pour multiplier les garanties de proportionnalité dans cet impôt, le législateur s'est servi de la valeur locative de l'habitation, de celle des magasins, boutiques, usines, etc., comme autre signe extérieur. Il a fixé un *droit propor- tionnel* sur ces valeurs locatives, en sus du droit fixe.

Les droits proportionnels sont fixés, d'après un taux déterminé, pour chaque profession des tableaux A B C, dans un 4e tableau D. C'est à ce tableau D qu'appartiennent les professions dites « libérales, » qui ne payent pas de droits fixes, ni de taxes déterminées ou variables, mais seulement un droit proportionnel.

Citons le passage de la loi, concernant le droit proportionnel :

Loi du 15 juillet 1880, art. 12. — « Le droit pro-
» portionnel est établi sur la valeur locative tant
» de la maison d'habitation que des magasins,
» boutiques, usines, ateliers, hangards, remises,
» chantiers et autres locaux servant à l'exercice
» des professions imposables.

» Il est dû, lors même que le logement et les
» locaux sont concédés à titre gratuit...

» Le droit proportionnel, pour les usines et
» établissements industriels est calculé sur la
» valeur locative de ces établissements pris dans
» leur ensemble et munis de leurs moyens maté-
» riels de production. »

Art. 13. — « Le taux du droit proportionnel est
» fixé conformément au tableau D, annexé à la
» présente loi. »

Les divers taux du droit proportionnel employés
par la loi sont ceux du 8me, 10me, 15me, 20me, 30me,
40me, 50me, 60me, suivant les professions.

Le tarif des patentes indique le quantum du droit
proportionnel applicable à chaque profession ainsi
que les valeurs locatives sur lesquelles il doit
porter; prenons, par exemple, les professions
indiquées pour le droit fixe, le tarif donnera :

« Agent de change, » taux du droit proportionnel au 10me « fabrique de goudron, » taux du
droit proportionnel au 20me, sur la maison d'habitation et au 40me sur l'établissement industriel.

« Moulin ou autre usine à moudre, etc., » taux
du droit proportionnel au 20me sur la maison
d'habitation et au 50me sur l'établissement industriel.

Ces indications du tarif signifient que pour avoir
le droit proportionnel imposable à un agent de
change on devra diviser la valeur locative de
tous les locaux occupés, par le nombre 10.

De même, pour obtenir le droit proportionnel
d'un fabricant de goudron on devra diviser la
valeur locative de l'habitation par 20 et celle de
l'établissement industriel par 40.

Enfin, pour avoir le droit proportionnel d'un
exploitant de moulin, on divisera la valeur locative
-de l'habitation par 20 et la valeur locative de
l'établissement industriel par 50.

Chaque patentable peut toujours, lui-même, à la simple lecture de son avertissement de patente, savoir s'il est régulièrement imposé. Supposons que dans une ville de 15,000 âmes, un patentable qui est épicier en gros et fabricant de fécules reçoive l'avertissement suivant :

M. X... payera, savoir :

Épicier en gros 1re classe......... 80^f

Fabricant de fécules (Tableau C.)

— Taxe déterminée............... 5^f

10 ouvriers...................... 50^f } 285^f »

Droit proportionnel au 20e sur 2000 100^f

— au 40e — 50^f

Centimes additionnels (admettons 1 fr. par franc)....................... 285^f

Avertissement....... 0^f 05

TOTAL......... 570^f 05

M. X..., en lisant cet avertissement, saura que sa profession d'épicier en gros est de la première classe du tableau A, dont le droit fixe est de 80 fr., dans une ville de 15,000 âmes : que sa profession de fabricant de fécules est rangée dans le tableau C avec une taxe déterminée et une taxe par ouvrier; enfin, que les taux des droits proportionnels sont du 20me et du 40me. En examinant le tarif des patentes le sieur X... verra que toutes les taxes sont régulières : il aura donc, en main, toutes les données (de professions — nombre d'ouvriers — valeurs locatives — tarifs de la loi) lui permettant de voir s'il est bien imposé.

— 51 —

(Extraits des lois du 15 juillet 1880 et du
8 août 1890 sur les patentes).

Art. 20. — (15 juillet 1880) « Les patentes sont
» personnelles et ne peuvent servir qu'à ceux à
» qui elles sont délivrées.

» Dans les sociétés en nom collectif, l'associé
» principal paye seul la totalité du droit fixe
» afférent à la profession. Le même droit est
» divisé en autant de parts égales qu'il y a
» d'associés en nom collectif, et une de ces parts
» est imposée à chaque associé secondaire.
» Néanmoins, pour les associés habituellement
» employés comme simples ouvriers dans les
» travaux de l'association, cette part ne doit
» jamais dépasser le 20me du droit fixe imposé au
» nom de l'associé principal... »

Art. 21. — (15 juillet 1880) « Par exception
» aux dispositions de l'article qui précède, dans
» les sociétés en nom collectif qui sont passibles des
» droits de patente pour l'exercice de professions
» rangées dans le tableau C et tarifiées en raison
» du nombre des ouvriers, machines, instruments,
» moyens de production ou autres éléments
» variables d'imposition, l'associé principal paye
» seul le droit fixe; les autres associés en sont
» affranchis : par exception aux mêmes dispo-
» sitions, dans les sociétés en nom collectif qui
» sont passibles de droit de patente pour l'exer-
» cice de professions rangées dans le tableau B
» annexé à la présente loi, le droit de patente des
» associés autres que l'associé principal établi

» conformément à l'art. 20 de la présente loi ne
» porte pas sur les employés ou autres éléments
» variables d'imposition. »

Art. 28. — Loi du 15 juillet 1880 « *La contri-*
» *bution des patentes est due pour l'année*
» *entière par tous les individus exerçant au*
» *mois de janvier une profession imposable…* »
Art. 28 (15 juillet 1880) art. 30 (8 août 1890).
« En cas de fermeture de magasins, boutiques et
» ateliers par suite de décès, de liquidation judi-
» ciaire, ou de faillite déclarée, les droits ne sont
» dus que pour le passé et le mois courant. Sur la
» réclamation des parties intéressées il sera
» accordé décharge du surplus de la taxe. »

« *Ceux qui entreprennent dans le cours de*
» *l'année une profession sujette à patente ne*
» *doivent la contribution qu'à partir du 1ᵉʳ du*
» *mois dans lequel ils ont commencé d'exercer,*
» *à moins que par sa nature la profession ne*
» *puisse être exercée toute l'année. Dans ce cas,*
» *la contribution sera due pour l'année entière*
» *quelle que soit l'époque à laquelle la profession*
» *aura été entreprise.* »

EXEMPTIONS.

Loi du 15 juillet 1880, art. 17. — « Sont

» exempts de patente : les fonctionnaires et em-
» ployés salariés, soit par l'État, soit par les admi-
» nistrations départementales et communales en
» ce qui concerne l'exercice de leurs fonctions ;

» Les peintres, sculpteurs, graveurs et dessina-
» teurs considérés comme artistes et ne vendant
» que le produit de leur art ;

» Les professeurs de belles-lettres, sciences et
» arts d'agrément, les instituteurs primaires ;

» Les sages-femmes ;

» Les éditeurs de feuilles périodiques ;

» Les artistes dramatiques ;

» Les laboureurs et cultivateurs, seulement
» pour la vente et la manipulation des récoltes et
» fruits provenant des terrains qui leur appar-
» tiennent ou par eux exploités et pour le bétail
» qu'ils y élèvent, qu'ils y entretiennent ou qu'ils
» y engraissent...
» les ouvriers travaillant chez eux ou chez les
» particuliers sans compagnons, ni apprentis, soit
» qu'ils y travaillent à façon, soit qu'ils y tra-
» vaillent pour leur compte et avec les matières
» à eux appartenant, qu'ils aient ou non une
» enseigne ou une boutique ;

» Les ouvriers travaillant en chambre avec un
» apprenti âgé de moins de 16 ans. »

Loi du 17 juillet 1889, art. 2. — « Sera exempt
» de patente le fabricant travaillant exclusivement
» à métier à façon dont le droit fixe, calculé
» conformément au tarif légal, n'excédera pas
» 21 fr. en principal. »

Exemptions partielles. — Sont exempts du droit proportionnel :

.« Les patentables de 7e et 8e classes du tableau
» A qui exercent leur profession en ambulance,
» sous échoppe ou en étalage ;

» Les patentables des mêmes classes qui résident
» dans les communes d'une population de 20,000
» âmes et au-dessous ;

» Les loueurs d'une chambre meublée ;

» Les individus qui exploitent à bras des moulins
» ou autres usines à moudre, battre, triturer, broyer,
» pulvériser, presser, pour la valeur locative de
» ces usines ;

» Les loueurs de chambres ou appartements
» meublés, mais seulement pour leur habitation
» personnelle ;

» Les fabricants travaillant exclusivement à
» façon ;

» Le droit proportionnel des patentables de la
» 6e classe est réduit de 1/4 dans les communes
» de 2,000 âmes et au-dessous ;

(Extraits des loi du 15 juillet 1880, 17 juillet 1889, 8 août 1890.

Annualité de l'impôt

L'impôt bien établi au 1er janvier est dû pour l'année entière : les exceptions à cette règle sont déterminées par les lois.

DES TAXES ASSIMILÉES

Taxe sur les Biens de Mainmorte

Il est établi sur les biens immeubles passibles de la contribution foncière, appartenant aux départements, communes, hospices, séminaires, fabriques, congrégations religieuses, consistoires et établissements de charité, bureaux de bienfaisance, sociétés anonymes et tous établissements publics et établissements d'utilité publique légalement autorisés, une taxe représentative des droits de transmission entre vifs et par décès (Extrait de la loi du 20 février 1849).

Cette taxe est destinée à remplacer les droits de mutation que le Trésor public percevrait si les biens soumis à la taxe appartenaient à des particuliers et qu'il ne perçoit pas, parce que ces biens appartiennent à des établissements où à des personnes civiles qui aliènent rarement et ne meurent pas.

La taxe a été fixée à 70 centimes par franc du principal de la contribution foncière : cette taxe est soumise en outre aux décimes auxquels sont assujettis les droits d'enregistrement (Extrait de la loi du 30 mars 1872).

Chaque année le nombre des décimes à ajouter

aux 70 centimes sera indiqué au moment de la confection des rôles (Circulaire administrative).

En 1890, le nombre de décimes était de 17,5 ce qui portait à 87 centimes 5 le nombre des centimes de mainmorte.

Taxe des Prestations

« En cas d'insuffisance des ressources ordinaires
» des communes, il sera pourvu à l'entretien des
» chemins vicinaux, à l'aide, soit de prestations en
» nature dont le maximum est fixé à trois journées
» de travail, soit de centimes spéciaux en addition
» au principal des quatre contributions directes et
» dont le maximum est fixé à cinq. »

« La prestation sera appréciée en argent, con-
» formément à la valeur qui aura été attribuée
» annuellement pour chaque commune, à chaque
» espèce de journée, par le Conseil général, sur
» les propositions du Conseil d'arrondissement. »

« Est passible de la prestation tout habitant de
» la commune, mâle, valide, âgé de 18 ans au
» moins et de 60 ans au plus, célibataire ou marié,
» quelle que soit sa profession, pourvu qu'il soit
» porté au rôle des Contributions directes ;

» S'il est chef de famille ou d'établissement,
» à titre de propriétaire, de régisseur, de fermier

» ou de colon partiaire, il doit la prestation : pour
» sa personne, si elle est imposable, mais en outre :
» pour chaque individu mâle, valide, âgé de 18 ans
» au moins et de 60 ans au plus, membre ou ser-
» viteur de la famille et résidant dans la commune :
» pour chaque bête de trait, de somme ou de selle
» et pour chaque charrette ou voiture attelée au
» service de la famille ou de l'établissement dans
» la commune. » (Extraits de la loi du 21 mai 1836
et de l'Instruction de 1870).

Est considéré comme invalide, dans le sens de la loi, celui qui ne peut pas se livrer à des travaux manuels et, en général, celui qui est dans l'impossibilité matérielle d'exécuter en nature le travail des prestations.

La taxe des prestations est due pour l'année entière pour tous les éléments imposables au premier janvier.

Taxe sur les Voitures et Chevaux, Mules et Mulets

La taxe sur les voitures et chevaux, mules et mulets, pour l'usage des personnes, est un signe extérieur dans lequel le législateur a vu l'expression de nouvelles facultés mobilières qui n'avaient pas encore été prises comme bases d'impôt.

La taxe s'applique à toutes les voitures suspendues quelle que soit leur forme, destinées au transport des personnes ; il suffit de posséder une voiture de l'espèce pour qu'on soit imposable et il n'y a point à rechercher si les voitures possédées sont ou non attelées simultanément.

Les chevaux sont imposables s'ils servent à atteler des voitures imposables, sans qu'il y ait lieu de s'occuper s'ils sont jeunes ou vieux ; les chevaux de selle sont également passibles de la taxe.

Toutefois on ne doit compter comme imposable que le nombre de chevaux qui seraient nécessaires pour le service simultané de toutes les voitures imposables au nom d'un même possesseur de voitures.

Le tarif est gradué d'après la population et par voiture à deux roues ou quatre roues (Extrait de la loi du 22 décembre 1879).

COMMUNES d'après la population de :	Somme à payer non compris 5 0/0 formant le fonds de non-valeurs		
	VOITURE		Cheval de selle ou d'attelage
	à 4 roues	à 2 roues	
Paris.	60	40	25
Villes autres que Paris ayant plus de 40,000 âmes de population.	50	25	20
de 20,001 à 40,000 âmes.	40	20	15
de 10,001 à 20,000 —	30	15	12
de 5,001 à 10,000 —	25	10	10
de 5,000 et au-dessous.	10	10	5

Il est attribué aux communes un vingtième du produit de l'impôt établi suivant ce tarif, déduction faite des cotes ou portion de cotes dont le dégrèvement aura été accordé (Loi du 23 juillet 1872).

Les taxes qui précèdent sont réduites de moitié pour les voitures, chevaux, mules et mulets employés habituellement pour le service de l'agriculture ou d'une profession donnant lieu à l'application des droits de patente, sauf en ce qui concerne les professions rangées dans le tableau G annexé à la loi du 18 mai 1850 et dans les tableaux correspondants annexés aux lois de patentes subséquentes (ce sont les professions dites libérales dont nous avons parlé au tableau D des patentes) (Loi du 22 septembre 1879).

Les déclarations de possesseurs nouveaux de voitures et chevaux, mules et mulets doivent être faites pour le 15 janvier, au plus tard, de chaque année (Loi du 2 juillet 1862).

Les déclarations concernant des éléments acquis dans le cours d'une année doivent être faites trente jours après la date à laquelle se sont produits les faits susceptibles de motiver l'imposition (Loi du 23 juillet 1872).

Si un contribuable a plusieurs résidences il sera, pour les chevaux et les voitures qui le suivent habituellement, imposé dans la commune où il est soumis à la contribution personnelle, conformément à la loi du 21 avril 1832, art. 13; mais la contribution sera établie suivant la taxe de la commune dont la population est la plus élevée.

Pour les chevaux et les voitures qui restent habituellement attachés à l'une de ses résidences, le contribuable sera imposé dans la commune de cette résidence et suivant la taxe afférente à la population de cette commune (Loi du 2 juillet 1862).

Les taxes seront doublées pour les voitures et les chevaux qui n'auront pas été déclarés ou qui auront été déclarés d'une manière inexacte (Loi du 2 juillet 1862).

EXCEPTIONS

Ne sont pas soumis à la taxe :

Les chevaux et voitures possédés en conformité des règlements militaires ou administratifs ;

Les juments et étalons exclusivement consacrés à la reproduction ;

Les voitures et chevaux affectés exclusivement au service des voitures publiques qui sont soumises aux droits perçus par l'Administration des Contributions indirectes ;

Les voitures et les chevaux possédés par des marchands de chevaux, carrossiers, marchands de voitures et exclusivement destinés à la vente ou à la location.

Les personnes qui deviennent possesseurs de voitures et chevaux, dans le courant de l'année *doivent la taxe depuis le 1er du mois de la possession, sans qu'il y ait lieu de tenir compte de la taxe déjà imposée au nom du précédent possesseur.*

Taxe sur les billards

Les billards publics et privés sont soumis aux taxes suivantes :

Paris...................... 60 fr.
Villes au-dessus de 5,000 âmes. 30
Villes de 1,000 à 5,000 âmes... 15
Ailleurs................... 6

La taxe est due pour l'année entière pour tous les billards possédés au 1er janvier.

Les possesseurs de billards doivent faire la déclaration à la mairie de la commune où se trouvent ces billards. Les déclarations sont reçues du 1er octobre au 31 janvier.

Les taxes seront doublées pour les déclarations inexactes ou pour omission de déclaration (Loi du 16 septembre 1871).

Taxe sur les cercles, sociétés et lieux de réunion

« Il est établi sur les cercles, sociétés et lieux
» de réunion où se payent des cotisations une taxe
» réglée à la fois sur le montant des cotisations,
» y compris les droits d'entrée, et sur le montant
» de la valeur locative des bâtiments, locaux et
» emplacements affectés à l'usage de l'établis-
» sement, d'après les catégories suivantes :
PREMIÈRE CATÉGORIE. — Cercles dont les coti-
» sations s'élèvent à 8,000 fr. et au-dessus, ou la
» valeur locative à 4,000 et au-dessus ;
  » 20 0/0 du montant des cotisations,
  » 8 0/0 du montant de la valeur locative.
  » DEUXIÈME CATÉGORIE. — Cercles dont les
» cotisations sont de 3,000 fr. et au-dessus, mais
» inférieures à 8,000 fr., ou dont la valeur locative
» est de 2.000 fr. et au-dessus mais n'atteint
» pas 4,000 fr.
  » 10 0/0 du montant des cotisations,
  » 4 0/0 du montant de la valeur locative.
  » TROISIÈME CATÉGORIE. — Cercles dont les
» cotisations sont inférieures à 3,000 fr. et la
» valeur locative inférieure à 2,000 fr. :
  » 5 0/0 du montant des cotisations :

» 2 0/0 du montant de la valeur locative. »....

(Extrait de la loi du 8 août 1890)...........

« Les déclarations des gérants, secrétaires ou
» trésoriers des cercles doivent être faites chaque
» année du 1ᵉʳ au 31 janvier, à la mairie et elles
» doivent indiquer le nombre des abonnés et
» membres pendant l'année précédente ainsi que
» le montant de leurs cotisations. Elles doivent
» comprendre, non seulement les cotisations s'ap-
» pliquant à la totalité de l'année échue au 31 dé-
» cembre qui précédera la déclaration, mais encore,
» lorsqu'il y aura lieu, celles relatives à une
» période quelconque de ladite année, les coti-
» sations payées aussi bien que celles qui n'auraient
» pas été recouvrées.

» Dans le cas de dissolution ou de fermeture,
» dans le cours de l'année, une déclaration spéciale
» doit être faite à la mairie, dans les dix jours de
» la dissolution ou de la fermeture ; la déclaration
» est immédiatement transmise au directeur qui
» fait de suite rédiger le rôle. Il peut arriver, dans
» ce cas, que le directeur fasse faire préalablement
» une vérification.

» Les taxes ainsi établies seront doublées pour
» les contribuables qui auront fait des déclarations
» inexactes ou qui n'auront pas fait de déclaration
» avant le 31 janvier de chaque année. »

(Extrait de la loi du 16 septembre 1871, du
décret du 27 décembre 1871 et circulaire administrative).

La double taxe ne portera que sur le chiffre des

cotisations dissimulées ou sur la valeur locative des locaux non compris dans la déclaration. (Circulaire administrative du 21 janvier 1891).

Taxe militaire

Art. 35 de la loi du 15 juillet 1889, sur le recrutement de l'armée. — « § 1er. — A partir du » 1er janvier qui suivra la mise en vigueur de la » présente loi, seront assujettis au payement d'une » taxe militaire annuelle ceux qui, par suite » d'exemption, d'ajournement, de classement dans » les services auxiliaires ou dans la seconde partie » du contingent, de dispense, ou pour tout autre » motif, bénéficieront de l'exonération du service » dans l'armée active.

» § 2. — Sont seuls dispensés de cette taxe :

» 1° Les hommes réformés ou admis à la retraite » pour blessures reçues dans un service commandé » ou pour infirmités contractées dans les armées de » terre ou de mer ;

» 2° Les contribuables se trouvant dans un état » d'indigence notoire.

» § 3. — La taxe militaire se compose de :

» 1° Une taxe fixe de 6 fr. ;

» 2° Une taxe proportionnelle égale au montant » en principal de la cote personnelle et mobilière » de l'assujetti.

» Si l'assujetti a encore ses ascendants du pre-
» mier degré ou l'un d'eux, la cote est augmentée
» du quotient obtenu en divisant la cote personnelle
» et mobilière de celui de ces ascendants qui est le
» plus imposé à cette contribution, en principal,
» par le nombre des enfants vivants et des enfants
» représentés dudit ascendant.

» Au cas de non-imposition des ascendants du
» premier degré, il sera procédé comme il vient
» d'être dit sur la cote des ascendants du second
» degré, en tenant compte des enfants de l'ascen-
» dant de chaque degré.

» Il n'est plus tenu compte de la cote des ascen-
» dants lorsque l'assujetti a atteint l'âge de trente
» ans révolus et qu'il a un domicile distinct de celui
» de ses ascendants.

» Les cotisations imposables sont celles qui sont
» portées aux rôles de la commune du domicile des
» contribuables. Elles sont déterminées sans égard
» aux prélèvements qui peuvent servir à les ac-
» quitter sur les produits de l'octroi.

» § 4. — La taxe fixe et la taxe proportionnelle
» sont réduites à proportion du temps pendant
» lequel l'assujetti n'a pas bénéficié de l'exoné-
» ration établie à son profit dans le service de
» l'armée active.

» La taxe fixe n'est pas due par les hommes
» exemptés pour des infirmités, entraînant l'inca-
» pacité absolue de travail.

» § 5. — La taxe est établie au 1er janvier pour
» l'année entière.

» Elle cesse par trois ans de présence effective
» des assujettis sous les drapeaux ou par leur ins-
» cription sur les registres matricules de l'inscription
» maritime.

» Elle cesse également à partir du 1er janvier qui
» suit le passage de la classe de l'assujetti dans la
» réserve de l'armée territoriale.

» Tout mois commencé est exigible en entier. »

Prenons un exemple d'imposition :

Supposons F l'assujetti, ayant moins de 30 ans : admettons qu'il paye 10 fr. de principal de cote personnelle-mobilière, que son père D ne paye pas de cotisation personnelle-mobilière, mais que son grand-père A paye 24 fr. en principal, du même impôt (A étant l'ascendant du deuxième ordre qui a la plus forte cote, en principal) ; supposons, enfin que D père de F a deux frères : B et C et un deuxième enfant E ; nous aurons l'ascendance de F représentée comme il suit :

A

B   C   D

E   F

Voici quelle sera la taxe militaire de F :

Taxe fixe.............................. 6 fr.

Taxe proportionnelle................... 10

$$\text{Taxe de l'ascendant A}\quad \frac{24}{\frac{3\,(\text{B C D})}{2\,(\text{E F})}} = 4$$

TOTAL........ 20 fr.

Ces 20 fr. ne comprennent pas les centimes indiqués au § 7 ci-après.

Dans l'exemple cité, F en payant 20 fr. payera la totalité de la taxe : or, supposons que F a fait 12 mois de service actif, il ne lui restera plus à faire que 24 mois, sur les 36 qu'exige le principe fondamental de la loi ; dans ce cas, la taxe militaire sera réduite proportionnellement et ne devra plus être que les 24 trente-sixièmes de 20 fr., soit

$$\frac{24}{36} \times 20 = 13 \text{ fr. } 33$$ (non compris les centimes du § 7 ci-après.

Suite de l'art. 35 de la loi du 15 juillet 1889 :

« § 6. La taxe militaire est due par l'assujetti.

» A défaut de payement constaté par une sommation » restée sans effet, elle est payée en son acquit par » celui de ses ascendants dont la cotisation a été » prise pour élément du calcul de la taxe, confor» mément au paragraphe 3ᵉ du présent article.

» Les ascendants ne sont plus responsables quand » la taxe cesse d'être calculée sur leur cote, con» formément au paragraphe 3ᵉ ci-dessus.

» La taxe est exigible dans la commune où le » redevable a son domicile, à la date du premier » janvier.

» Elle est recouvrée et les demandes en remise » ou en décharge sont instruites et jugées comme » en matière de contributions directes.

» En cas de retard de payement de trois dou» zièmes consécutifs constaté par un comman» dement resté sans effet, il sera dû une taxe

» double pour les douzièmes échus et non payés.

« § 7. — Il est ajouté au montant de la taxe :
» 1° Cinq centimes par franc pour couvrir les
» décharges ou remises ainsi que les frais d'assiette
» et de confection des rôles. En cas d'insuffisance,
» il est pourvu au déficit par un prélèvement sur
» le montant de la taxe.

» 2° Trois centimes par franc pour frais de per-
» ception.

» § 8. — Un règlement d'administration publique
» déterminera les mesures nécessaires pour l'exé-
» cution du présent article, qui n'aura pas d'effet
» rétroactif. »

La taxe militaire est assise avec l'assistance des maires par les agents de l'Administration des Contributions directes (Décret du 30 décembre 1890).

Taxe sur les Chiens

(Extraits de la loi du 2 mai 1855 et du décret du 4 août 1855). « Il est établi dans toutes les
» communes et à leur profit une taxe sur les
» chiens, laquelle ne peut excéder 10 fr. ni être
» inférieure à 1 fr.

» Les chiens sont divisés en 2 catégories :

» La taxe la plus élevée porte sur les chiens
» d'agrément ou servant à la chasse ;

» La taxe la moins élevée porte sur les chiens
» de garde, ceux qui servent à guider les aveugles,
» à garder les troupeaux, les habitations, magasins,
» ateliers, etc ;

» Les chiens qui ne peuvent être classés dans la
» première ou la deuxième catégorie, les chiens
» d'un usage mixte sont rangés dans la catégorie
» dont la taxe est la plus élevée. »

Les tarifs à appliquer dans chaque commune
sont réglés par décret, sur la proposition des
Conseils municipaux, après avis des Conseils généraux.

La taxe est due par le propriétaire et à raison
des *chiens possédés au 1*^{er} *janvier :* elle est *due
pour l'année entière* dans les communes où se
trouvent ces animaux.

Du 1er octobre au 15 janvier de l'année suivante
les possesseurs de chiens doivent faire à la mairie
une déclaration indiquant : le nombre de leurs
chiens et les usages auxquels ils sont destinés.

La taxe est triplée pour celui qui n'a pas fait de
déclaration, doublée pour celui qui a fait une déclaration incomplète ou inexacte.

ASSIETTE DES TAXES ASSIMILÉES

Travail dans les Communes

Au commencement de chaque année et à partir du 1er février, le contrôleur effectue une tournée, dans les communes de son contrôle, pour l'assiette des taxes assimilées suivantes : Taxe sur les voitures et chevaux — Taxe sur les billards — Taxe sur les cercles — Taxe militaire — Taxe sur les chiens.

C'est pendant cette tournée que la commission des répartiteurs, le maire et le contrôleur examinent les *déclarations faites à la Mairie* et inscrites sur un registre dont il sera question plus loin (Instruction administrative).

Rédaction des Mutations foncières

Dans les premiers mois de l'année, à une époque qui est indiquée aux contribuables, dans chaque commune, par voie d'affiches, les percepteurs des Contributions directes procèdent à la rédaction des mutations foncières. Ce travail a pour but le transfert des propriétés non bâties et des propriétés bâties d'un contribuable à un autre contribuable. Il s'effectue au moyen des relevés de ventes, partages, donations, etc., opérés à l'enregistrement par les agents des Contributions directes. Ces relevés sont arrêtés généralement en mars et les mutations sont applicables l'année suivante.

Les contribuables qui ont des rectifications de mutations, ou des mutations arriérées, à faire opérer, doivent profiter de l'époque fixée pour ce travail. Dans tous les cas il est de leur intérêt de prêter à l'agent chargé de la rédaction des mutations, le concours le plus effectif possible pour renseigner sur les contenances, numéros du plan, identité des parcelles à muter, etc.

Le contrôleur opère lui-même la rédaction des mutations dans la commune où il réside (Extrait de l'Instruction générale du 2 mars 1886).

Assiette des 4 Contributions Directes et de la taxe de Mainmorte ainsi que de la taxe des Prestations

Travail dans les Communes

La rédaction des mutations effectuée, suivant la marche indiquée ci-dessus, une commission composée du maire, des répartiteurs, du percepteur et du contrôleur des Contributions directes se réunit à jour et heure fixés par un itinéraire rendu public, dans chaque commune, pour procéder au travail suivant :

Contribution foncière, propriétés non bâties.
— Examen des terrains à supprimer de la matière imposable et de ceux qui rentrent dans la matière imposable (chemins, cimetières, écoles, presbytères, chemins rendus à la culture, etc.

Mainmorte. — Recherche des propriétés passibles de la taxe de mainmorte.

Contribution foncière, propriétés bâties. — Fixation des revenus nets des propriétés bâties devenues imposables. Suppression des propriétés bâties démolies, incendiées ou converties en bâtiment rural.

Mainmorte. — Recherche des propriétés passibles de la taxe de mainmorte, comme pour les propriétés non bâties.

Contribution des portes et fenêtres. — Examen du registre des déclarations de constructions nouvelles (voir, ci-après, la description de ce registre). Recherche des constructions pour lesquelles il n'y a pas de déclarations. Recherche des bâtiments loués pour un service public. Dénombrement des ouvertures imposables.

Contribution personnelle-mobilière. — Lecture des registres de décès et suppression de cette contribution des personnes décédées. Appel des contribuables inscrits au rôle et révision de leurs bases mobilières s'il y a lieu. Rectification de noms, prénoms et adresses. Imposition des contribuables passibles de cette contribution et omis au rôle. Recherche des nouveaux imposables au moyen des listes électorales, registre de mariages, des nouveaux propriétaires, des héritiers ou veuves, enfin de toutes les données fournies par la notoriété.

Taxe des prestations. — Rectification des bases du rôle de l'année précédente. Imposition des nouveaux au moyen des notes prises pour la contribution personnelle-mobilière. Consultation des registres des naissances pour découvrir les personnes atteignant la dix-huitième ou la soixantième année avant le 1er janvier de l'année suivante.

Contribution des patentes. — Le maire seul ou son délégué doit concourir avec l'agent des Contributions directes, au recensement des patentables.

Dans les communes ayant moins de 100 patentables, ce travail a lieu, en même temps que les travaux précédents.

Loi du 15 juillet 1880, art. 25. « Les contrôleurs des Contributions directes procéderont annuellement au recensement des imposables et à la formation des matrices de patentes.

Le maire sera prévenu de l'époque du recensement et pourra assister le contrôleur dans cette opération ou se faire représenter, à cet effet, par un délégué.

En cas de dissentiment entre les contrôleurs et les maires ou leurs délégués, les observations contradictoires de ces derniers seront consignées dans une colonne spéciale.

La matrice dressée par le contrôleur sera déposée pendant dix jours au secrétariat de la mairie, afin que les intéressés puissent en prendre connaissance et remettre au maire leurs observations.... »

Rôles supplémentaires. — On recherche aussi, pendant ce travail, les omisssions ou les faits nouveaux pouvant donner lieu à imposition supplémentaire concernant la contribution des patentes. On recherche de même les omissions qui peuvent exister dans l'assiette des taxes assimilées et on dresse, le cas échéant, des matrices supplémentaires (Les taxes assimilées qui peuvent donner lieu à impositions supplémentaires ou complémentaires sont : la taxe sur les voitures et chevaux, mules et mulets, la taxe de mainmorte, la taxe des chiens, celles des billards et des cercles et enfin la taxe militaire ; ces quatre dernières taxes ne donnent lieu à reprise supplémentaire que pour des faits existant au 1ᵉʳ janvier et omis aux rôles primitifs).

Instruction des réclamations. — Il est procédé enfin, pendant ce travail, à l'instruction des réclamations qui n'auraient pu être examinées avant cette époque.

Villes recensées

Dans toutes les villes comptant plus de 5,000 âmes de population *agglomérée* et dans les chefs-lieux de département d'une population moindre, il sera établi une matrice des contributions personnelle-mobilière et des patentes, rédigée par rues et par numéros de maison... (Extrait du décret du 9 janvier 1883).

Dans ces villes, ce travail ne s'exécute qu'à partir du mois d'octobre : ces villes sont dites « *recensées* ».

Communes réservées

Dans les communes autres que les villes recensées et ayant plus de 100 patentés, le recensement des patentables fait l'objet d'une tournée spéciale qui ne peut avoir lieu avant le 1er octobre (Instruction du 6 avril 1881).

Ces communes sont dites « *réservées.* »

Rôles supplémentaires trimestriels

Enfin, chaque trimestre il est dressé dans chaque commune, s'il y a lieu, une matrice supplémentaire des patentables nouveaux ou omis, ainsi que pour les taxes assimilées suivant les indications données plus haut.

DES RÉCLAMATIONS

Déclarations dans les Mairies

(Extrait de la loi du 21 juillet 1887, art. 2).
« Tout contribuable qui se croira imposé à tort ou
» surtaxé, soit dans les rôles généraux des quatre
» contributions directes, soit dans ceux de la taxe
» des prestations en nature (et de la taxe militaire ;
» décret du 30 décembre 1890), pourra en faire
» *la déclaration* à la mairie du lieu de l'imposi-
» tion, dans le mois qui suivra la publication des-
» dits rôles.

» Cette déclaration sera reçue, sans frais, ni
» formalités sur un registre tenu à la mairie ; elle
» sera signée par le réclamant ou son manda-
» taire.

» Celles de ces déclarations qui après examen
» sommaire auront pu être immédiatement recon-
» nues fondées, seront analysées par les agents
» des Contributions directes sur un état qui sera
» revêtu de l'avis du maire ou des répartiteurs,
» suivant la cas, ainsi que de celui du contrôleur
» et du directeur.....

» Les contribuables dont les déclarations n'au-

» raient pas été portées ou maintenues sur l'état
» dont il s'agit et ceux sur la cote desquels le Con-
» seil de préfecture n'aurait pas eu à statuer en
» seront avisés et ils auront la faculté de présenter
» des demandes en dégrèvement dans les formes
» ordinaires, dans un délai d'un mois à partir de
» la date de la notification...... »

Réclamations adressées aux Sous-Préfectures

Le mode de déclarations est une mesure nouvelle introduite par la loi du 21 juillet 1887 ; ce procédé doit être employé pour les contribuables qui ont droit, après simple *examen sommaire*, à une décharge ou réduction de leurs contributions directes, de la taxe des prestations en nature ou de la taxe militaire.

Les contribuables dont les plaintes relativement aux impôts ne reposent pas sur des faits incontestables doivent, s'ils le jugent à propos, suivre la voie des « *réclamations*. »

Les *réclamations* contre une contribution ou taxe assimilée quelconque doivent être adressées à la sous-préfecture de l'arrondissement ou à la préfecture, pour l'arrondissement chef-lieu.

Elles sont recevables dans les trois mois de la publication du rôle ou de la date à partir de laquelle on a eu notification officielle de l'imposition. Elles doivent être accompagnées de la quittance des termes échus et être rédigées sur timbre, si la demande concerne une cote supérieure à 30 fr.

A l'arrivée à la sous-préfecture, ou à la préfecture, toutes les réclamations reçoivent un timbre à date et cette date est la seule qui sera prise en considération pour établir si le réclamant se trouve dans les délais. Outre ce timbre à date, les réclamations reçoivent un numéro d'enregistrement et sont transmises à la direction des Contributions directes du département.

Le directeur enregistre à son tour, avec un numéro d'ordre, et donne à chaque réclamation un dossier spécial qui est transmis à l'agent des Contributions directes chargé de faire l'instruction. La demande est aussi enregistrée au contrôle et communiquée à la mairie. Le maire ou les répartiteurs, suivant le cas, consignent leur avis motivé à la place indiquée au dossier de l'affaire. Le dossier ne doit pas rester plus de 10 jours au secrétariat de la mairie, après avis il est retourné au contrôleur. Celui-ci procède à l'instruction, de son côté, et donne son avis dans un rapport circonstancié après quoi le dossier est retourné à la direction des Contributions directes ; le directeur étudie l'affaire, fait compléter l'instruction, s'il y a lieu, et formule ses propositions.

Si la demande est reconnue fondée en entier le

dossier est transmis au Conseil de préfecture ou au Préfet, suivant le cas, pour jugement.

Si la demande n'est pas reconnue fondée, soit en partie, soit en totalité, le dossier est envoyé en dépôt de 10 jours à la sous-préfecture et l'intéressé est informé, par lettre spéciale, du dépôt effectué. Si le réclamant ne s'en tient pas aux conclusions de rejet et s'il demande une expertise, on procède à cette opération après certaines formalités. Ce n'est qu'après qu'il a été satisfait complètement aux formalités de l'instruction demandée par le réclamant que le dossier est transmis devant les juges compétents.

Chaque contribuable est toujours informé, par lettre spéciale, du jugement intervenu. L'original de la demande est conservé à la direction, les pièces qui l'accompagnaient, sont retournées au réclamant.

Natures des Réclamations

Les réclamations des contribuables peuvent être de diverses natures, savoir :

Les demandes en décharge ou réduction;

Demandes en remise ou modération;

Demandes en mutation de cote ou en transfert.

Les demandes en décharge ou réduction sont celles qui ont pour objet de contester la régularité des cotes établies ; le jugement en est réservé aux Conseils de préfecture. Elles doivent être présentées dans les trois mois qui suivent la publication des rôles.

Les demandes en remise ou modération ont pour motif des événements extraordinaires qui ont fait éprouver des pertes à un contribuable ; le jugement en est réservé aux préfets. Les demandes de cette nature doivent être formulées dans les quinze jours qui suivent l'événement qui y donne lieu.

Les demandes en mutations de cote concernent la contribution foncière et celle des portes et fenêtres. Ces demandes ont pour but de faire mettre à la charge d'un contribuable, réel débiteur, l'impôt foncier ou des portes et fenêtres porté au nom d'un autre contribuable non redevable. Les faits qui motivent ces demandes doivent être antérieurs au 1ᵉʳ janvier de l'année pour laquelle on réclame la mutation de cote. Le jugement appartient au Conseil de préfecture.

Les demandes en transfert concernent la contribution des patentes et la taxe des billards : elles ne sont recevables que si les faits qui y donnent lieu sont postérieurs au 1ᵉʳ janvier de l'année pour laquelle on réclame. Elles ont pour but de mettre à la charge d'un patentable les droits de patente restant dus par un patenté, après la cession de son établissement.

Pour qu'il y ait lieu à transfert, il est nécessaire et indispensable que le *cessionnaire* puisse prendre à sa charge une partie de la patente du *cédant*.

Il n'y a pas lieu à transfert lorsque le cessionnaire, à raison des conditions dans lesquelles il est déjà patenté, ne peut pas être soumis à une cotisation additionnelle ou du moins le transfert ne peut être prononcé que jusqu'à concurrence de la somme susceptible d'être régulièrement mise à la charge du cessionnaire, et le cédant est tenu de payer le surplus de la patente.

La loi du 8 août 1890, art. 29 a donné au contrôleur le droit de prendre l'initiative des transferts. Le contribuable qui aurait une demande de cette nature à formuler pourra donc en informer cet agent, soit directement, soit par l'intermédiaire du maire de la commune. Si le transfert ne pouvait avoir lieu, le contrôleur le ferait savoir au demandeur qui resterait libre de produire une demande, par la voix ordinaire, s'il ne jugeait pas suffisants les renseignements donnés.

Le transfert de patente peut donner lieu aussi au transfert de la taxe sur les billards.

Le jugement de ces demandes appartient aux préfets.

Demandes collectives pour pertes

En principe, les demandes doivent toujours être individuelles : cependant, lorsque des pertes résultant d'événements extraordinaires tels que gelée, grêle, inondation, incendie ont frappé une partie notable du territoire de la commune, la demande peut être collective et formulée par le maire, au nom des contribuables.

Dans ce cas, les déclarants doivent indiquer au jour fixé entre le contrôleur, le maire et les experts :

1° Les parcelles frappées par le fléau,

2° La nature de récolte perdue,

3° La quantité perdue,

4° la valeur de la perte.

Les déclarants ont droit à une modération de l'impôt foncier des parcelles atteintes, proportionnellement au revenu perdu. Ces modérations de contribution foncière sont toujours accordées sous le nom du contribuable qui figure au rôle.

Quelques déclarants croient à tort que leur contribution foncière doit être supprimée ou bien que cette contribution doit être calculée proportionnellement au montant de la perte ; la contribution dont l'État accorde la remise est celle afférente au revenu cadastral de la parcelle atteinte.

Les chiffres de modération d'impôt peuvent donc ne pas être proportionnels à la perte effective : par exemple, une parcelle défrichée motivera un dégrèvement calculé d'après le revenu cadastral qui lui est attribué à la matrice, lors même qu'elle serait cultivée en vignes ou en céréales.

Il existe, en dehors des remises ou modérations de contribution foncière, des secours réservés aux malheureux : ces remises varient suivant les ressources dont peut disposer le Gouvernement.

Terrains plantés ou replantés en vignes

(Extraits de la loi du 1er décembre 1887. — « Dans les arrondissements déclarés atteints par le » phylloxera, les terrains plantés ou replantés en » vignes âgées de moins de quatre ans, lors de » la promulgation de la loi seront exempts de » l'impôt foncier. Ils ne seront soumis à cet impôt » que lorsque les vignes auront dépassé la quatrième » année. Dans les arrondissements déclarés » atteints ou dans ceux qui le seront postérieure- » ment, les plantations à venir jouiront du même » privilège pendant le même laps de temps.

» Les dispositions qui précèdent seront indépen- » dantes de la nature des plants et du mode de » culture. »

Pour obtenir ce bénéfice, l'intéressé doit faire, à la mairie, une déclaration dans les trois mois de la publication du rôle, sur une feuille spéciale qui lui sera fournie.

Au 1ᵉʳ janvier de l'année pour laquelle on réclame ce bénéfice, la vigne doit être plantée ou replantée au moyen de producteurs directs, ou bien être greffée, s'il s'agit de plants porte-greffes.

Registres tenus aux secrétariats des mairies concernant les Contributions directes

---

Dans chaque mairie on trouve les documents dont nous allons parler ci-après :

Le plan cadastral de la commune ;

L'état de section ;

La matrice cadastrale des propriétés non bâties ;

La matrice cadastrale des propriétés bâties ;

La matrice générale.

La description de chacune de ces pièces a déjà été faite dans le chapitre : « des documents cadastraux. »

Registres des déclarations concernant les constructions, reconstructions, etc.

Le secrétaire inscrit, sur ce registre, au fur et à mesure qu'elles se présentent, les déclarations concernant les constructions, reconstructions, augmentations de construction, etc. L'imprimé guidera le déclarant et le secrétaire.

La déclaration est signée.

Registre ou cahier de déclarations concernant les voitures et chevaux, mules et mulets.

Les déclarations à porter sur ce registre ou cahier, doivent indiquer si les voitures sont à deux ou quatre roues, si les chevaux sont employés à l'attelage ou à la selle, si les éléments sont imposables à la taxe entière ou à la demi-taxe, enfin si les voitures et chevaux fréquentent plusieurs résidences, dans le cas où le déclarant en aurait plusieurs.

Les déclarations sont reçues jusqu'au 15 janvier pour ceux qui possèdent avant le 1ᵉʳ janvier et qui n'ont pas encore fait de déclaration.

Pour les acquisitions ou changement de résidence survenus dans le courant de l'année, les déclarations doivent être faites dans le délai d'un mois.

Si le secrétaire a des imprimés spéciaux pour ces déclarations, il transmet immédiatement la fiche spéciale qui concerne ces déclarations au contrôleur, mais dans le cas seulement où il s'agit de déclarations faites après le 15 janvier. Les déclarations faites avant le 15 janvier doivent être adressées au directeur des Contributions directes. Si le secrétaire n'a pas d'imprimés spéciaux il lui suffira d'envoyer une note explicative.

Registre ou cahier de déclarations concernant les billards publics et privés

On inscrit sur ce registre ou cahier les déclarations concernant les billards publics et privés.

Les déclarations sont reçues du 1ᵉʳ octobre au 31 janvier.

Registre de déclarations concernant les cercles et lieux de réunion

Le secrétaire de la mairie devra demander, s'il n'en a pas, à la direction des Contributions directes des imprimés spéciaux lorsqu'un contribuable se présentera pour formuler une déclaration de ce genre.

Les déclarations doivent être faites pour le 31 janvier de chaque année, sauf dans le cas de dissolution (se reporter au chapitre spécial concernant cette taxe).

Registre ou cahier de déclarations concernant la taxe sur les chiens

Sur ce registre ou cahier, le secrétaire inscrit, du 1er octobre au 15 janvier, toutes les déclarations concernant les propriétaires de chiens, le nombre et la catégorie des chiens nouvellement possédés.

Registre des déclarations concernant les quatre contributions directes et la taxe des prestations.

Au chapitre spécial : « *Déclarations dans les mairies* » on trouvera les renseignements nécessaires concernant les déclarations. Ce registre n'est ouvert que *pendant les trente jours* qui suivent la date de la publication des rôles des *quatre contributions directes, de la taxe des prestations et de la taxe militaire*.

Le secrétaire ne doit y inscrire que les déclarations concernant *l'exercice en cours*. Il doit affecter une case à chaque déclarant et à chaque nature de contribution : bien préciser la demande et la contribution.

Il doit numéroter les déclarations en commençant chaque année par le numéro 1 ; il *retire en même temps et conserve l'avertissement* à l'appui de la déclaration jusqu'au passage du contrôleur dans la commune.

Enfin, il ne doit pas inscrire de déclarations concernant des maisons vacantes ou des usines en chômage.

Bulletin de déclarations pour terrains plantés ou replantés en vignes

C'est sur un imprimé spécial que les déclarations de ce genre doivent être faites. Si le secrétaire de mairie n'en a pas il en réclamera à la direction des Contributions directes. Ces déclarations sont transmises à la préfecture ou à la sous-préfecture.

OBSERVATION. — Toutes ces déclarations doivent être signées par les déclarants.

CONTRIBUTIONS SPÉCIALES

Taxes assimilées dont l'assiette est établie par d'autres agents que les Contrôleurs

(Notions générales)

Bourses et Chambres de Commerce

Les Chambres de Commerce sont des assemblées de négociants ou anciens négociants chargés de soumettre au Gouvernement, soit sur sa demande, soit d'office, les avis et les observations sur toutes les mesures qui peuvent intéresser l'administration des affaires commerciales. (Dictionnaire général d'administration).

« Il est établi des contributions spéciales des-
» tinées à subvenir aux dépenses des bourses et
» chambres de commerce. » (Loi du 23 juillet 1820,
art. 11).

« Les contributions spéciales destinées à subvenir
» aux dépens des bourses et chambres de commerce
» et dont la perception est autorisée par l'art. 11
» de la loi du 23 juillet 1820 seront réparties sur les

» patentables des trois premières classes du tableau
» A annexé à la présente loi et sur ceux désignés
» dans les tableaux B et C comme passibles d'un
» droit fixe égal ou supérieur à celui desdites
» classes.

» Les associés des établissements compris dans
» les classes et tableaux susdésignés contribueront
» aux frais des bourses et chambres de commerce,
» sous réserve des dispositions des art. 20 et 21 de
» la présente loi. » (Loi du 15 juillet 1880,
art. 38) (1).

Élection des juges des tribunaux de commerce.
Les membres des tribunaux de commerce seront
élus par les citoyens français commerçants patentés
ou associés en nom collectif depuis cinq ans au
moins, capitaines au long cours et maîtres de cabo-
tage ayant commandé des bâtiments pendant cinq
ans, directeurs de compagnies françaises anonymes
de finances, de commerce et d'industrie, agents de
change et courtiers d'assurances maritimes, courtiers de marchandises, courtiers interprètes et
conducteurs de navires institués en vertu des
art. 77, 79 et 80 du Code de commerce, les uns et
les autres après cinq années d'exercice, et tous,
sans exception, devant être domiciliés depuis
cinq ans au moins dans le ressort du tribunal.

Sont également électeurs, dans leur ressort, les

---

(1) Les articles 20 et 21 ont trait à la patente des associés
en nom collectif.

membres anciens ou en exercice des tribunaux et des chambres de commerce, des chambres consultatives des arts et manufactures, les présidents anciens ou en service des Conseils de prud'hommes. (Loi du 8 décembre 1883, art. 1er).

Les taxes dues pour chambres de commerce sont établies d'après les données fournies par les matrices de patentes.

Mines (Redevance des)

Loi du 21 avril 1810 (Extraits de la) :

Art. 5. — Les mines ne peuvent être exploitées qu'en vertu d'un acte de concession délibéré en Conseil d'État.

Art. 6. — Cet acte règle les droits des propriétaires de la surface sur le produit des mines.

Art. 33. — Les propriétaires de mines sont tenus de payer à l'État une redevance fixe et une redevance proportionnée au produit de l'extraction.

Art. 34. — La redevance fixe sera annuelle et réglée d'après l'étendue de celle-ci : elle sera de dix francs par kilomètre carré.

La redevance proportionnelle sera une contribution annuellé à laquelle les mines seront assujetties sur leurs produits.

Art. 35. — La redevance proportionnelle sera réglée, chaque année, par le budget de l'État, comme les autres contributions publiques; toutefois, elle ne pourra jamais s'élever au-dessus de cinq pour cent du produit net. Il pourra être fait un abonnement pour ceux des propriétaires des mines qui le demanderont.

Art. 36. — Il sera imposé en sus un décime pour franc, lequel formera un fonds de non-valeur à la disposition du ministre de l'intérieur pour dégrèvement en faveur des propriétaires de mines qui éprouveront des pertes ou accidents.

Décret du 6 mai 1811, titre VI.

Art. 44. — « Tout particulier concessionnaire
» qui, par vente, bail, cessation de travaux (renon-
» ciation de travaux légalement faite et admise,
» ordonnance du 8 janvier 1817), ou toute autre
» cause légale, aurait cessé d'être imposable aux
» redevances fixes et proportionnelles et qui aurait
» été porté sur les rôles, et tous ceux qui récla-
» meront des réductions, soit en raison des taxes
» d'office, soit pour cause d'erreurs dans l'énoncé
» de l'étendue superficielle des concessions, adres-
» seront leurs réclamations au préfet. »

L'assiette de la redevance des mines est faite par l'Ingénieur des mines.

Redevances pour la rétribution
des délégués mineurs

La loi du 8 juillet 1890 a institué des délégués pour visiter les travaux souterrains des mines, minières ou carrières dans le but d'en examiner les conditions de sécurité pour le personnel qui y est occupé; l'art. 16 de cette loi est ainsi conçu :

Art. 16. — Les visites prescrites par la présente loi sont payées par le Trésor au délégué comme journées de travail.

Au mois de décembre de chaque année, le préfet, sur l'avis des ingénieurs des mines et sous l'autorité du Ministre des travaux publics, fixe pour l'année suivante et pour chaque circonscription le nombre maximum des journées que le délégué doit employer à ses visites et le prix de la journée. Il fixe également le minimum de l'indemnité mensuelle pour les circonscriptions comprenant au plus 120 ouvriers.

Dans les autres cas, l'indemnité à accorder aux délégués pour les visites mensuelles réglementaires ne pourra être inférieure au prix de 10 journées de travail par mois.

Les visites supplémentaires faites par un délégué, soit pour accompagner les ingénieurs ou contrôleurs des mines, soit à la suite d'accidents, lui seront payés en outre et au même prix.

Le délégué dresse mensuellement un état des journées employées aux visites tant par lui-même que par son suppléant. Cet état est vérifié par les ingénieurs des mines et arrêté par le préfet.

Il est ajouté au montant des redevances à recouvrer sur les exploitants de mines, en exécution de l'art. 16 de la loi du 8 juillet 1890 :

1° Cinq centimes par franc pour couvrir les décharges ou remises, ainsi que les frais de confection des rôles :

2° Trois centimes par franc pour frais de perception.

Art. 14. — Les redevances pour la rétribution des délégués à la sécurité des ouvriers mineurs, perçues en exécution de l'art. 16 de la loi du 8 juillet 1890, seront recouvrées au moyen de rôles mensuels. Le montant de ces rôles est exigible en une seule fois dans les quinze jours de la publication. Il est délivré des avertissements aux redevables, à raison de cinq centimes par article.

Taxe des Poids et mesures

Sont assujetties à la vérification les communes, industries et professions, désignées au tableau A annexé au décret du 26 février 1873.

Il n'existe qu'une liste unique des professions assujetties à la vérification.

Les assujettis doivent être pourvus des séries complètes des poids et mesures dont ils font usage, d'après la nature de leurs opérations conformément au tableau B annexé au décret du 26 février 1873, art. 7 : c'est-à-dire que chaque assujetti a la faculté de choisir, en se conformant aux désignations de ce tableau, l'assortiment approprié aux besoins de sa profession ou de son commerce, et n'est plus astreint à un assortiment spécial, attribué à sa profession suivant une classe déterminée; (Circulaire du 27 octobre 1873).

Le tableau C comprend la désignation des poids et mesures et instruments de pesages usités et la taxe afférente à ces appareils : il comprend aussi la taxe afférente à chaque série de poids et mesures, ainsi que celle afférente aux poids et mesures hors série.

L'assiette de cette taxe est faite par les vérificateurs des poids et mesures.

Droits de Vérification des Alcoomètres

Les alcoomètres centésimaux de Gay-Lussac et les thermomètres nécessaires à leur usage, sont soumis à une vérification préalable qui est faite, à Paris, par les soins des agents du ministre du commerce et qui donne lieu à une taxe uniforme de 1 franc pour la vérification d'un alcoomètre et de 50 centimes pour celle d'un thermomètre. Les instruments reconnus défectueux après vérification payent la moitié de ces droits (Décret, 27 octobre 1884, art. 3 et 5.

. . . .

Les vérificateurs des poids et mesures sont chargés de constater si les alcoomètres et leurs thermomètres mis en vente ou employés sont revêtus de la marque de vérification. Ils dressent procès-verbal contre ceux qui mettraient en vente des instruments non vérifiés ou en feraient emploi (art. 6).

Droits de visite chez les Pharmaciens, Droguistes et Épiciers

Loi du 21 germinal an XI — Art. 29. — A Paris et dans les villes où seront placées les nouvelles écoles de pharmacie, deux docteurs et professeurs des écoles de médecine, accompagnés des membres des écoles de pharmacie, et assistés d'un commissaire de police, visiteront, au moins une fois l'an, les officines et magasins des pharmaciens et droguistes, pour vérifier la bonne qualité des drogues et médicaments, simples et composés. Les pharmaciens et droguistes seront tenus de représenter les drogues et compositions qu'ils auront dans leurs magasins, officines et laboratoires. Les drogues mal préparées ou détériorées seront saisies à l'instant par le commissaire de police ; et il sera procédé ensuite conformément aux lois et règlements actuellement existants.

. . . .

Arrêté du 25 thermidor an XI. — Art. 42. — Il sera fait, conformément à la loi, des visites chez les pharmaciens, les droguistes et les épiciers. Il sera payé, pour les frais de ces visites, six francs par chaque pharmacien, et quatre francs par chaque épicier ou droguiste.

Taxe relative à l'Inspection des fabriques et dépôts d'eaux minérales, eaux de Seltz et eaux gazeuses.

Décret du 9 mai 1887. — Art. 1. —·L'inspection, dans l'intérêt de la santé publique, d'une part, des fabriques d'eaux minérales artificielles, eaux de seltz et eaux gazeuses, et d'autre part, des dépôts d'eaux minérales naturelles et artificielles, eaux de seltz et eaux gazeuses, françaises ou étrangères, demeure confiée : dans le département de la Seine, à des inspecteurs spéciaux désignés par arrêté ministériel, et, dans les autres départements, aux commissions d'inspection des pharmacies, drogueries et épiceries, en conformité de l'art. 18 de l'ordonnance du 18 juin 1823.

Cette inspection n'est pas applicable aux dépôts existant dans les pharmacies légalement tenues (Art. 1 et 15 de la même ordonnance).

Art. 2. — Le montant des taxes annuelles auxquelles sont assujettis lesdits établissements à titre de droits de visite est fixé ainsi qu'il suit :

NATURE DES ÉTABLISSEMENTS	TAUX DE LA TAXE DE VISITE	
	dans le département de la Seine	dans les autres départements
Fabriques	30 f	10 f
DÉPÔTS — dont la vente annuelle dépasse 20,000 bouteilles ou siphons	25 f	
dont la vente annuelle est de 5,000 à 20,000 bouteilles ou siphons	10 f	3 f
dont la vente annuelle est de 1 à 5,000 bouteilles ou siphons	4 f	

Art. 3. — Ces taxes assimilées aux contributions directes sont établies d'après les feuilles de visite des inspecteurs, sur un rôle nominatif distinct et recouvrées au profit du Trésor dans les mêmes formes et suivant les mêmes règles que les droits de visite des pharmacies, drogueries et épiceries.

FIN

TABLE DES MATIÈRES

Typ. Oberthür, Rennes-Paris (2874-5—91).

www.ingramcontent.com/pod-product-compliance
Ingram Content Group UK Ltd.
Pitfield, Milton Keynes, MK11 3LW, UK
UKHW022319070726
13614UKWH00002B/824